HEYNE <

Das Buch

Dieses Buch versammelt die Bände 4 und 5 der Bestsellerreihe »Seelenverträge« von Sarinah Aurelia und Leila Eleisa Ayach.

Band 4: Die Übergangsphase
Band 5: Die Geheimnisse, die in euch schlummern

Zum Autorinnenwechsel: Die Autorinnen Leila Eleisa Ayach und Sarinah Aurelia wurden von der Geistigen Welt auserwählt, gemeinsam die Seelenverträge, die aus mehreren Bänden bestehen, der Menschheit zu übermitteln. Während Leila Eleisa Ayach Band 1 bis 3 diktiert bekam, wurden Sarinah Aurelia die Bände 4 und 5 übermittelt. Weitere Bände sind ein Gemeinschaftswerk beider Autorinnen.

Die Autorin

Sarinah Aurelia gab 2008 ihren Beruf auf, um mit ganzer Kraft für das Licht zu wirken. Es entstand ein lebhafter, lichtvoller und liebevoller Kontakt zu der Galaktischen Föderation des Lichts, den Erzengeln und geistigen Mentoren. Ihre Channelings bieten Menschen die Möglichkeit, Rat und Hilfe aus der Geistigen Welt zu erhalten.

Sarinah Aurelia

SEELEN VERTRÄGE

Äußerer und innerer Wandel: Unser Übergang in die Neue Zeit

Band 4 & 5

Die Übergangsphase

Die Geheimnisse, die in euch schlummern

WILHELM HEYNE VERLAG
MÜNCHEN

MIX
Papier | Fördert gute Waldnutzung
FSC® C014496

Penguin Random House Verlagsgruppe FSC® N001967

3. Auflage

Taschenbucherstausgabe 06/2021

in der Penguin Random House Verlagsgruppe GmbH,
Neumarkter Straße 28, 81673 München
produktsicherheit@penguinrandomhouse.de
(Vorstehende Angaben sind zugleich
Pflichtinformationen nach GPSR.)

Umschlaggestaltung: Guter Punkt, München,
unter Verwendung von Motiven von © darkbird / adobestock,
© ogre64 / Getty Images, © yaldizli / Getty Images
Satz: Schaber Datentechnik, Austria
Druck und Bindung: GGP Media GmbH, Pößneck
Printed in Germany

ISBN 978-3-453-70418-3

www.heyne.de

Inhalt

BAND 4

Die Übergangsphase

Die Übergangsphase und ihre Auswirkung auf uns

Ihr Lieben, wir grüßen euch, wir wissen, wer ihr seid, wir erkennen jeden von euch an seinem Seelenstrahl. Wir wissen, wer diese Zeilen liest.

Die Geistige Welt spricht hier als Gruppe. Wir sind die Erzengel, Engel und Aufgestiegenen Meister. Wir sind eure Geistführer, Mentoren und Sternenfamilie.

Die Seele als solches strahlt und ist auf dem Seelenstrahl inkarniert, dessen Farbe sich nie ändert, also viele Inkarnationen gleich bleibt. So erkennen wir euch an eurem Strahl.

Freundin und Freund, wir erkennen jeden Einzelnen von euch an seinem Seelenstrahl. Da ihr euch immer noch in der Phase des Übergangs befindet, nehmen wir, die Geistige Welt, dich gerne an die Hand, um dich in die Klarheit zu führen. Viele Menschen sind längst eingetreten in die goldene Stadt, doch einige von euch sind noch nicht einmal erwacht.

Das heißt, ihr befindet euch in der neuen Energie, und doch wieder nicht. Denn wenn ihr, die ihr erfolgreich wart, aus der Schwingung gleitet, schmerzt euer Körper, eure Seele weint, und es greifen die Netze eures Seelenplans.

Das Sicherheitssystem eures Seelenplans ist von euch selbst festgelegt, sodass ihr nicht ganz aus der Energie herausfallen und, weil ihr es bemerkt, um Hilfe bitten könnt.

Das Eintreten in die höchsten Energien bedeutet, dass ihr euch dessen bewusst sein solltet, dass alles leichter fließt, denn alles, was ihr braucht, schwimmt im goldenen Fluss auf euch zu.

Wir wissen, wie es euch geht, wir wissen es. Wir haben euch begleitet und tun es weiterhin.

Jeder, der diese Zeilen liest, hat sich selbst schon im eigenen Sicherheitsnetz wiedergefunden.

Daher gilt: Es sind die Auswirkungen der Übergangsphase, ihr gleitet leicht ab, da noch viele eurer Mitmenschen nicht so weit sind und ihr ihnen helfen wollt.

Freunde, die in eurem Seelenvertrag stehen, und daher euer Abstieg, um ihnen zu helfen.

Ja, um ihnen die Hand reichen zu können, müsst ihr in dieser Zeit aus eurer Schwingung heraus, kurz absteigen, um sie mit hochzuziehen, und das bedeutet für euch natürlich Gefahr.

Wir wissen es, daher möchten wir nun eingreifen, denn, die Geistige Welt hat hier eine Planänderung vorgesehen.

Eine Planänderung, hinter der eine Segnung steckt, damit ihr es leichter habt. Ja, wir haben gesehen, ihr seid müde, die hohen Würdenträger sind müde und erschöpft, und ihr habt doch schon so viel getan. Wir haben euer Rufen gehört.

»Ich bin es Jeshua, euer Jesus Christus, in der Geistigen Welt Lord Sananda genannt.

Ich bewirke nun für euch eine Änderung, eine Segnung. Ab jetzt müsst ihr eure Schwingung nicht mehr verlassen, um denjenigen zu helfen, die in die goldene Stadt streben, aber noch nicht erwacht sind. Um denjenigen zu helfen, die abgerutscht sind.

Wir, die Geistige Welt, bilden für euch das Zwischenstück, sodass ihr nicht mehr abrutschen könnt, der Gefahr nicht mehr ausgesetzt seid.

An alle, die müde und vor den Toren der goldenen Stadt zusammengebrochen sind, nicht mehr fähig, die Tore zu öffnen. Wir wissen, wer ihr seid, hohe Würdenträger. Viele Inkarnationen habt ihr euch auf diese Zeit vorbereitet. Am Ziel seid ihr nun müde und könnt nicht mehr.

Ich, Jesus Christus, gehe dir entgegen, bin bei dir angekommen und reiche dir die Hand.

Komm Freund, komm Freundin, wir kennen uns, gib mir die Hand, und wir gehen gemeinsam in die Shambala-Energie hinein.

Goldorange um uns, das Licht eine wunderschöne Sonne, wir gehen hinein, wir gehen zusammen durch die Tore.

Du bist sicher an meiner Hand. Nun sei gefeiert und gesegnet, liebes Kind, so habe ich dich immer genannt, als du klein warst. Erinnerst du dich daran? Erinnerst du dich an uns? Schau dich um, sieh die Freude und fühle die Liebe.

Es ist geschehen, du bist wieder in der Energie. Ein Engel ist zurückgekehrt.

An Jeshuas Hand zurückgekehrt. Sei gesegnet, liebes Kind, und getaucht in goldorangefarbenes Licht.

In Liebe sei gesegnet, dein Christus. Ich danke Dir. Willkommen zurück, Freundin und Freund.«

Übergang und das Wissen, das Erinnern an den eigenen Seelenplan

Avatar der Erde, wir wissen, wer ihr seid, wir wissen von euren Sehnsüchten und durch welche Täler jeder Einzelne von euch gegangen ist. Ja, die Geistige Welt weiß, ihr seid nicht zufällig hierhergeführt worden. Es gibt keine Zufälle, euer eigener Seelenplan führte euch hierher. Ihr selbst habt es in die Seelenabsprache geschrieben, wie ihr den Weg in die goldene Stadt gehen wollt, mit welchen Mentoren und mit welchen Schriften, die euch helfen sollen.

Dieser Übergang, in dem ihr euch jetzt befindet, bedeutet: Ihr seid euch der Gefahren des Schwingungswechsels bewusst. Dieser Wechsel geschieht, weil noch nicht alle Menschen in der neuen Energie sind. Es ist wichtig, dass wir darauf noch einmal eingehen. Ihr seid durch Prozesse gegangen und habt euer Ego aufgelöst, sodass Luzifer aufsteigen konnte. Ihr habt Ängste transformiert und Traumen aufgelöst. Jetzt seid auf dem Weg, euch zu erinnern. Die Erinnerung an eure Aufenthalte in der Geistigen Welt, an euren Seelenplan und dessen Inhalt ist erwacht.

Müde seid ihr hier angekommen und dachtet, es wäre geschafft! Dann die Planänderung, die Übergangsphase. Durch die Zeitbeschleunigung. Versteht ihr es? Ihr wart es, die die Zeit beschleunigt habt, und dafür danken wir euch. Wie ihr wisst, ist der Einstieg in die goldene Energie somit individuell. Darin liegt ein großer Segen, denn ihr musstet nicht warten, bis eine bestimmte Anzahl Menschen erwacht ist. Wir haben jeden Einzelnen von euch an die Hand genommen und durch das Tor der goldenen Stadt geführt. Erinnert ihr euch, erinnerst du dich? Es ist erst kürzlich geschehen!

Nun ist es Zeit, dass auch du dir, ja, du, liebe Freundin und lieber Freund, dein Geschenk abholst. Ein Geschenk aus der Geistigen Welt.

»Und ich, Buddha, der Erwachte.

Ich sage dir, liebe Freundin und lieber Freund: Ab jetzt kannst du dich wieder an deinen eigenen Seelenplan erinnern. Der Schleier ist von dir genommen, er lüftet sich. Du bist in dir ruhend und wissend, was um dich geschieht. Erwache und erkenne gleichzeitig, dass es eine universelle Religion gibt. Erwache und erkenne, lies in deinem eigenen Seelenplan. Es gibt eine ALL-EIN-HEIT.

Namo tassa bhagavato arahato samma-sambuddhassa!

Verehrung ihm, dem Erhabenen, Heiligen, vollkommen Erwachten!«

Planänderung und das Glück, das darin steckt

Lichtwesen der Erde, wir, die Geistige Welt, nehmen euch wieder an die Hand. Wir nehmen euch mit, damit ihr erkennt, was hinter den Dingen steckt.

Viele Menschen sind ganz schwindelig von diesen vielen Planänderungen und Umbrüchen.

Diese Freiheit habt ihr euch selbst im Lebensplan verankert. Wir wollen auch sagen: Erkennt das Glück, das hinter jeder Planänderung im Leben steht.

Wie ihr wisst, befindet ihr euch gerade in einer Übergangsphase, und es ist sinnvoll und wichtig, denn durch diese Änderungen könnt ihr schnell reagieren und schließt somit Unwägbarkeiten aus.

Versteht ihr es? Das Glück befindet sich in eurer Hand, es liegt in der Möglichkeit, schnell reagieren zu können, und darum habt ihr euch, wie ihr wisst, mehrere Wahlmöglichkeiten in euer Buch des Lebens geschrieben.

Ihr habt euch das Ziel aufgeschrieben, das ihr ansteuert, ohne es verfehlen zu können. Wenn ihr das Ziel erreicht habt, geht es weiter zur nächsten Station, es gibt keinen Stillstand, weil ihr es so wolltet. Auf dem Weg dahin begegnet ihr nun einem Menschen, der euch rät, ein Buch zu schreiben.

Das Buch, das in eurem Seelenplan steht, aber erst Jahre später. Es entsteht eine Planänderung, und ihr erkennt, dass die Möglichkeit des Schreibens jetzt schon gegeben ist, und ihr erkennt das Glück dahinter. Denn die Zeit wurde von euch beschleunigt, also sind die Leser schon da, bevor das Buch auf dem Markt ist. Wir erinnern euch: Gleichzeitig geschieht die Auflösung von linearem Denken und Zeitgefüge!

Ihr habt die Wahlmöglichkeit: den beschleunigten Weg zu gehen oder den bequemeren Weg, der jedoch länger dauert. Erinnert ihr euch? Ihr selbst habt dies in euren Plänen im Einklang mit eurer Seelenfamilie so festgelegt.

Nun möchten wir euch an noch etwas erinnern: Ihr fragt oft, was Glück ist und wie ihr es erreichen könnt. Nun, ihr seid das Glück. Ihr bekommt das zurück, was ihr aussendet.

Du bist selbst Herr und Meister deines Lebens, du bist sehr mächtig über den Geist, darum kontrolliere deine Gedanken. Deine Wünsche und Träume sind die Verbindung zu deinem eigenen Seelenkontrakt. Du hast Sehnsucht nach einem eigenen Segelboot? Aber ja, das Boot ist ein Teil des neuen Lebens, das du führen wirst. Das neue freie Leben ist noch nicht in Sicht, du hast aber schon Visionen von dem Boot und fängst an, dir darüber Gedanken zu machen, dass du dafür einen Platz brauchst.

Verstehst du es? Es ist wichtig, darum wiederholen wir uns. Nehmt eure Träume, Sehnsüchte und

Visionen ernst. Geht sorgsam damit um und fokussiert sie positiv.

Wir nehmen euch an die Hand. Erinnert euch! Ihr seid inkarniert mit all dem angesammelten uralten Wissen und Können aus der Geistigen Welt.

Du bist selbst hoher Würdenträger, du bist mit allem angekommen, was du in der geistigen Heimat warst. Dein Wissen und Können schlummert in dir. Darum stupsen wir dich nun an.

Erinnere dich! Freundin und Freund, es ist so weit. Deine Stunde ist gekommen. Du bist erhoben und längst wach. Deine Seele erkennt das Signal. Dein Geist ist nun vollkommen klar, und du stehst in Verbindung zu deinem eigenen Seelenplan. Du stehst in Verbindung mit all dem uralten Wissen und Können deiner geistigen Heimat.

Du bist ruhend in dir. Deine Seele erkennt das Signal. Wir lieben dich, wir führen dich. Du bist und warst niemals allein. Erinnere dich, wir sind es! Deine einstigen Freunde, deine Familie, deine Liebe aus der geistigen Heimat.

Wir nehmen euch an die Hand

Freundin und Freund, wir nehmen dich an die Hand, um mit Dir eine Reise zu machen, eine Reise durch deine geistige Heimat. Wir tun dies sehr bewusst, denn deine Seele wird bestimmte Symbole und Bilder wiedererkennen. Ja, wir wissen, wer du bist, wir erkennen dich an deinem Strahl. Du bist ein strahlendes Licht, strahlender als du denkst.

Wärst du nicht da, würde die Erde nicht so hoch schwingen, und die Welt wäre kälter.

Darum, Avatar der Erde, komm mit uns, schwinge dich ein und erlebe eine Reise durch den Kosmos, deine Heimat.

Du gehst mit uns, und die Welt um dich herum erscheint plötzlich in einem leuchtenden Gelborange und in allen Regenbogenfarben, die Luft ist klar und rein. Öffne dein Herz! Während wir an eine Quelle aus reinstem Blau gelangen, hast du ein unstillbares Verlangen, ins Wasser zu gleiten. Spürst du, wie alles von Dir abfällt, was sich dir während dieser Inkarnation schwer auf die Seele legte? Es fließt nun von dir ab. Während du im Wasser schwebst, reinigt sich dein Körper, deine Seele, und dein Geist wird vollkommen klar.

Blau- und goldgesprenkeltes Wasser, und du spürst die Liebe, die dir überall entgegenströmt. Du tauchst ganz ein in die Quelle des Lichts und spürst, dass alle angesammelten Ängste und Blockaden von dir fließen, dass sie geheilt sind, während du nun voller Wonne ganz im Wasser des Lichts eintauchst.

Goldenorange, die Zeichen des Himmels, Goldenorange, Shambala-Zeichen. Avatar der Erde, erinnere dich, nun ist es so weit, Seele, erinnere dich.

Freundin und Freund, wir umfangen dich mit segnender Energie. Goldenorangene Zeichen am Himmel, geliebte Seele, erinnere dich. Es ist so weit, du bist mit uns eingetaucht in deine einstige Heimat und erinnerst dich an uns, an deinen Auftrag, der dich auf Erden führte.

Du, geliebte Menschenseele, erhältst von uns, der Geistigen Welt, nun ein Geschenk.

»Erinnere dich an deine Heimat, und von
nun an sind deine
Selbstheilungskräfte, dein uraltes
kostbares Wissen geweckt!

Amin nora de san.

Dein und mein Wille sind eins.«

Die Sehnsucht nach Liebe

Freundin und Freund, herzlich willkommen in der Neuen Zeit. Wir, die Geistige Welt, wissen um eure Inkarnationen, wir wissen, wer ihr seid, wir erkennen jeden Mensch an seinem Seelenstrahl.

Ihr seid weit gereist, viele Inkarnationen habt ihr auf euch genommen, um dabei zu sein beim Eintritt in die Neue Zeit.

Nun, wir wissen von euren Sehnsüchten, gerade von denen, die freiwillig gekommen sind, weil sie Aufgestiegene Meister sind, hohe Würdenträger, Engel!

Ja, euch meinen wir, ihr wartet noch auf die Erfüllung der Liebe. Die Liebe unterlag einer Planänderung, denn wie ihr wisst, habt ihr Luzifers Aufstieg vorgezogen. Das stand in den Seelenplänen, und einige Lichtarbeiter haben unbewusst, einige bewusst, geholfen, dass Luzifer aufsteigen konnte.

Dabei kam es zu einer Planänderung, denn euer Ego schlug kurz vor dem Aufstieg noch einmal heftig zu. Das Ego, der kleine Luzifer in euch, wollte euch nicht glücklich und liebend sehen, sondern klein und allein, und dafür waren ihm alle Mittel recht!

Einige von euch haben mächtige Egoangriffe erlitten, die ihr immer wieder transformiert habt und die wir für euch aufgelöst haben. Manche sind dabei erschöpft in die Knie gegangen.

Erinnerst du dich daran? Wir wissen, wer du bist, wir wissen von deinen Sehnsüchten und sagen dir: Du bist nicht allein, sondern an einem deiner Ziele angelangt. Wir lieben dich, wir lieben dich bedingungslos! Seid gesegnet und eins mit der ALL-EIN-HEIT!

An diejenigen, die noch alleine sind: Deine Dualseele wartet. Gott hat euch geschützt, damit das Ego euch nicht in der Partnerschaft angreift, die ihr euch ja geheilt in das Buch des Lebens geschrieben habt.

Gott hat beschlossen, die hohen Würdenträger zu schützen und die Dualseelen später zusammenzuführen. Nun ist Luzifer dank euch aufgestiegen und das Ego nur noch ein Schatten in eurer Seele. Eine Erinnerung, und das auch nur so lange, bis ihr auch diese transformiert habt. Erkennt und gebt es an uns ab, wir helfen euch dabei. Luzifer, der aufgestiegene Engel, dankt und hilft euch, die Schatten zu transformieren.

Darum ist nun die Tür der Liebe offen, Gott hat das Tor der Dualseelen wieder geöffnet.

Einige von euch haben die Liebe schon gefunden und leben in einer Partnerschaft. Andere werden gerade herausgelöst, weil ihre Dualseele wartet. Wir wissen von euren Umbrüchen, wir wissen von den Stürmen eures Lebens, um eure Seelenpläne, in die kein Mensch eingreifen darf. Nein, das wolltet ihr nicht, denn man würde euch ja um eure Belohnung bringen. Gott darf nur in dem Ausmaß in Seelenpläne eingreifen, in dem ihr euch wiederum die Gnadenerfahrung aufgeschrieben habt. Darum versteht, wenn wir sagen: Ihr seid selbst Götter und Göttinnen, Herr und Meister eures Lebens.

Versteht ihr nun? Es liegt in eurer Macht, und immer gibt es die Wahlmöglichkeit einer Planänderung, der Gnadenerfahrung in euren Seelenverträgen, weil es von euch selbst so verankert wurde. Energie der Gnade bedeutet, Gott darf in die Seelenverträge eingreifen, um es euch leichter zu machen, wenn ihr müde seid. Was ihr in der Geistigen Welt so freudig geplant habt, erfahrt ihr in der Dualität oft als zu schwer. Darum habt ihr die Energie der Gnadenerfahrung als Sicherheit in euren Plänen verankert. Wir wiederholen wichtige Details mit Absicht immer wieder, damit sich die Wirklichkeit in euch manifestiert.

Gott hat die Tore der Liebe wieder geöffnet. Er durfte euch schützen, euch, die ihr hellstes Licht seid. Weil ihr diese Planänderung, diesen Segen in eure Lebenschronik verankert habt.

Wir wissen, du bist müde, erschöpft. Darum, Freundin und Freund, sei getaucht in höchstes goldenes Licht.

Und Gott spricht:

»Geliebte Erdenseele,
sei gehüllt und erfüllt mit höchster
Energie, Körper, Geist und Seele.

Erhole dich und sei kraftvoll und klar.
Engel auf Erden, hoher Würdenträger,
Avatar der Erde:
Sei belohnt mit der Liebe.
Höchster Segen ist erteilt, die
Tore der Liebe öffnen sich.
Die Gefahren sind vorbei.
Tore öffnen sich, Engel auf Erden, hoher
Würdenträger, Avatar der Erde, wir
führen euch nun zusammen.
Höchster Segen ist erteilt.«

Walk-In und das Geheimnis, das darin steckt

Wir, die Geistige Welt, erwecken nun die Seelen in euch, in denen Geheimnisvolles steckt.

Ihr wisst, dass kurz vor Luzifers Aufstieg eine Reihe von Walk-Ins stattfand. Das ist eine Vereinbarung zwischen zwei Seelen. Die eine Seele kommt, die andere geht.

Das ist in einigen Lebensplänen verankert, weil ihr so tatkräftig Luzifers beschleunigten Aufstieg unterstützen wolltet. An die Menschen, die dies in ihrem Seelenplan verankert haben: Ihr seid so zu hoher Würde gekommen in der Geistigen Welt und werdet es noch auf Erden.

An diejenigen, die bei ihren Mitmenschen geheimnisvolle Veränderungen bemerkt haben: Diese Zeilen sind auch an euch gerichtet, wir wissen, wie es euch geht, dass auch ihr müde seid und Fragen habt. Ihr sollt verstehen, was passiert, und euch an die Absprache in Liebe erinnern, die ihr im Einklang mit der Seelenfamilie geschlossen habt.

Denn auch ihr habt den Verschmelzungen eurer Seelenfamilie zugestimmt.

Durch die Walk-Ins sind in kurzer Zeit, wie ihr wisst, Geistführer, Aufgestiegene Meister und Engel wieder auf die Welt zurückgekehrt.

Ja, so ist es, denn nur so war es euch möglich, den eigenen Einstieg in die Goldene Stadt zu beschleunigen.

Es ist euch gelungen, und das Experiment, denn das war es, ist geglückt. Wir wissen, wer ihr seid, wir erkennen jeden von euch am Seelenstrahl. Wir wissen, wie es euch geht und von den Zerwürfnissen, die ihr hattet und habt. Es ist uns gelungen, werdet ihr sagen, aber es geht uns doch nicht immer gut. Darum schreiben wir diese Zeilen, wir wollen euch anstupsen und helfen, damit ihr euch erinnert, was ihr in der Wirklichkeit frohen Mutes geplant und in der Dualität vergessen habt.

Die Walk-Ins fanden in aller Stille statt, und die Persönlichkeit der Seele, die eingetreten ist, entwickelt sich sacht und stetig. Wir bitten euch, euren Partner anzunehmen, auch wenn er sich verändert, oder nicht so verändert hat, wie ihr erhofft habt.

Es obliegt euren eigenen Plänen, nichts kann schiefgehen. Auch ihr habt euch in eurem Buch des Lebens abgesichert. Bitte habt Geduld mit euch und eurem Liebsten. Alte Muster kommen erst hoch und wollen von euch erkannt werden, damit sie gehen können. Der Austausch der Seelen findet sanft statt. Ihr wolltet nicht riskieren, dass es zu Persönlichkeitsspaltungen kommt. Erinnert euch, ihr habt euch alle mit Liebe reich belohnt.

Unter den Kindern des Lichts sind Mentoren, die denjenigen helfen werden, die Rat suchen und Walk-Ins hatten. Darum hier unsere Worte an euch:

»Wir wissen, wer ihr seid, wir erkennen jeden von euch am Seelenstrahl. Wir wissen, ihr seid durch Höhen und Tiefen gegangen.«

Seid hohe Würdenträger der Geistigen Welt, wir ehren euch, wie wir alle die segnen, die sich zur Verschmelzung hervorgetan haben.

Liebe Mentoren, bitte vertraut uns. Ihr seid von der geistigen Welt ausgebildet und autorisiert worden, dem anderen Walk-In zu helfen.

Bitte tretet hervor und meldet euch, damit euch die Ratsuchenden finden können.

Wir wissen, wie es ihnen geht, wir wissen von euren Absprachen und den Herausforderungen, die darin verankert sind. Wir wissen, wie zerrissen ihr manchmal innerlich seid, schwankend zwischen Hoch und Tief. Was in Wirklichkeit so leicht aussah, scheint euch in der Dualität manchmal sehr schwer.

Darum nimmt die Geistige Welt euch an die Hand und führt euch aus dem Nebel heraus.

Wir helfen und sagen: Erinnert euch an eure Mentoren, die selbst Walk-Ins hatten. Sie werden euch verstehen.

Geht bitte in die Absicht, und ihr werdet sie finden, wir führen euch zusammen.

Mentoren der Welt, tretet hervor, es ist Zeit, denn das Tor wurde geöffnet. Der Ruf erschallt.

Erkennt, ihr habt im Buch des Lebens das Wirken als menschliche Mentoren der Walk-Ins stehen, darum seid ihr fast gestolpert. Der Weg ist das Ziel. Erkennt: Es wurde von euch selbst zeitbeschleunigt. Lineares Denken und Zeitgefüge wurden aufgebrochen. Der Weckruf erschallt. Mentoren der Geistigen Welt, autorisiert für Walk-Ins, tretet hervor!

Ereignisse, die euch verwundern werden

Lichter der Erde, wir wissen, wer ihr seid, wir nehmen euch wieder an die Hand. In eurer Welt gibt es zurzeit viele Umbrüche, und wir wollen, dass ihr dies versteht und keine Angst bekommt.

Es sind Reinigungsprozesse, die wichtig sind, denn es werden neue Strukturen, neue Firmen entstehen, und alte Strukturen müssen vorher gehen.

Ihr lebt im goldenen Zeitalter, wolltet wirken statt arbeiten, somit müssen sich auch eure Firmen und die Wirtschaft verändern. Dies geschieht jetzt! Das steht in der Akasha-Chronik der Erde. Auch euer Zeitempfinden hat sich verändert. Zeit, das seid ihr, und darum wehrt ihr euch innerlich, wenn ihr in alte Muster zurückgepresst werdet. Wir wiederholen hier die wichtigen Informationen bewusst noch einmal, denn durch das Lesen wird sich die neue Einstellung in euch manifestieren.

Große Ereignisse, damit wollen wir sagen, Mutter Gaia hat sich so weit erholt, dass Heilquellen stärker denn je wirken. An den Quellen, zum Beispiel Lourdes, wird es wieder Erscheinungen der Mutter Gottes geben und zu Spontanheilungen kommen.

Gaia hat sich so erholt, dass das, was ihr erntet, wieder gesund für euch ist, die Nahrungsmittel erhalten von sich aus mehr Nährstoffe und tun eurem Körper gut.

Ihr werdet, ohne es zu wollen, langsam zu Vegetariern, und so brechen auch die Machtstrukturen des Fleischhandels auf. Massentierhaltung und Schlachttransporte wird es nicht mehr geben, weil ihr es seid, die hier die Strukturen aufbrechen. Durch eure hohe Schwingung könnt ihr auch das Fleisch der Tiere, die so gelitten haben, nicht mehr vertragen.

Die vier Elemente der Natur haben wieder Heilkraft, und ihr könnt euch jetzt an Kraftorten aufhalten, ein Geschenk von Mutter Gaia, die dafür dankt, dass ihr mit eurem Wirken geholfen habt, ihre Wunden zu heilen. Außerdem werden eure Allergien verschwinden, denn diese habt ihr auch selbst in den Seelenplan geschrieben, um auf bestimmte Missstände aufmerksam zu machen. Ihr müsst nicht mehr allergisch auf Nahrungsmittel und Pollen reagieren, weil diese hohe Energie haben und Erde, Luft, Wasser und Sonne wieder heilsam sind.

Wie der Mensch erwacht,
werden die Religionen erwachen!

So werden sich eure Religionen und die Einstellung dazu verändern. Auch hier kommt die Wirklichkeit zurück, das heißt, das Wahre kehrt zurück. Wie ihr wisst, steckt in jeder Religionsrichtung Wahrheit.

Doch gibt es auch falsche und lückenhafte Überlieferungen.

Dies wird nach und nach aufgedeckt, und ihr werdet erstaunt sein, wie sehr alle Religionsrichtungen den lückenhaften Überlieferungen ausgesetzt waren. Daher bitten wir euch: Grenzt euch nicht ein und achtet auch die Religionsrichtung des Nachbarn, denn in jeder steckt ein Teil der Wahrheit.

So wird sich alter Glaube mit der neuen Energie vermischen, und es entsteht eine Universalreligion. Starre Regeln der Kirche werden aufgebrochen, so werden zum Beispiel katholische Priester die Erlaubnis bekommen, zu heiraten.

Es gibt Priester, die in ihrem Seelenplan stehen haben, das sie genau dieses Zölibat aufbrechen werden, in dem sie sich in eine Frau (einen Mann) verlieben oder schon verliebt haben. Die Auflösungen geschehen durch hohe Schwingung und eine Veränderung der Einstellung, und ihr werdet sehen, hohe Schwingung bedeutet: Ihr erkennt, was WIRKLICH IST! Ihr fangt an, frei zu denken und zu handeln! So, wie ihr euch verwandelt, werden sich auch eure Politiker und eure Wirtschaft verändern, alte Machtstrukturen brechen auf! Euer Leben ist in der Wahrhaftigkeit, ihr seid: DIE MENSCHEN DER NEUEN ZEIT! Ihr seid bereits in Vorbereitung auf die neue Schwingung VOLLKOMMENHEIT!

Die lichtvollen Veränderungen sind es, die seit geraumer Zeit einen inneren Wandel der Menschen bewirkt haben, und dadurch verändert sich auch das Außen.

Die ALL-EIN-HEIT

Bruder und Schwester, wir wissen: Ihr habt eine tiefe Sehnsucht, die da heißt: Leben im Einklang mit der höchsten Energie, der Liebe. Es steht in den Seelenverträgen, wir wissen, wer ihr seid, wir kennen jeden von euch.

Nun, was ist die Goldene Stadt eigentlich? Die Bewohner und Architekten seid ihr und das Leben im Außen. Wir nehmen euch an die Hand, damit ihr es versteht. Die beiden Welten, die durch verschiedene Schwingungen getrennt waren, vereinigen sich.

Wir, die Geistige Welt, sind längst unter euch, denn ihr seid uns entgegengekommen.

Nicht wir kamen zu euch, nein, ihr seid aufgestiegen und in unserer Schwingung angelangt.

Versteht ihr jetzt, warum Wunder wieder möglich sind, versteht ihr jetzt?

Das Leben in der geistigen Heimat bedeutet, sich in der höchsten Energie zu befinden.

DER HIMMEL IST JETZT! Versteht ihr? Vor dieser Inkarnation musstet ihr erst von der Erde gehen und konntet erst dann wieder mit uns, der Liebe, der Heimat, vereint sein.

In dieser Inkarnation ist das anders, denn nun ist es euch möglich, Erfahrungen zu machen, die noch nie jemand vor euch gemacht hat.

Wir sind unter euch. Ihr werdet Jeshua und die Geistige Welt wiedersehen, ohne dafür sterben zu müssen. Versteht ihr jetzt? Jesus Christus ist unter euch, er ist ein Mensch wie ihr. Er hatte Läuterungsprozesse wie ihr und ist erwacht, sich bewusst, wer er ist. Ihr werdet Engel wiedersehen, die auch in Menschen leben.

Wir sprachen vom Walk-In, erinnert euch. So kamen große Persönlichkeiten wieder zurück! Franz von Assisi, Mutter Theresa, Mahatma Gandhi, Albert Schweitzer, um nur einige zu nennen, denn es kamen derer viel mehr, Heilige, hohe Würdenträger, Engel.

Sie kamen zurück, um weiter zu wirken, sie kamen durch Walk-Ins, um im Goldenen Zeitalter zu wirken, um ihre Früchte zu sehen, deren Samen sie einst gestreut haben.

Erinnert euch, ihr wusstet von diesen Geheimnissen vor der Inkarnation. Ihr wusstet von diesen Begegnungen und habt euch so darauf gefreut.

»Ich bin es, euer Erzengel Michael.

Danke für euer Tun, und so habe ich hier für die Seelen der Erde eine Nachricht:

In diesem Buch sind versteckte Segnungen und Weihen. Darum wundert euch nicht, wenn ihr plötzlich Energieschauer bekommt, euer Leben sich schlagartig ins Positive dreht und Reinigungen einsetzen.

Es sind goldene Geschenke, die ihr verdient.

Ich, Erzengel, Michael, sage euch: Bei vielen Menschen wird sich das Leben so verändern, wie ihr es in Visionen gesehen habt.

Alles geschieht jetzt sehr schnell.

Lineares Denken und altes Zeitgefüge habt ihr abgelegt. Darum grenzt euch nicht ein.

Ihr seid die Zeit, ihr seid der Weg und die Macht.

Auch wir werden uns wiedersehen, denn auch ich bin unter euch, ihr erkennt mich an den Augen.

Ich, Erzengel Michael, freue mich auf dich, sei gesegnet, Freundin und Freund, hoher Würdenträger.

Willkommen im Goldenen Jerusalem!

So'ham.«

Die Schallmauer durchbrechen

Lichter dieser Welt, wir begleiten euch weiter durch dieses Buch. Nehmt euch Zeit, lehnt euch zurück, wir, die Geistige Welt, nehmen euch wieder an die Hand.

Ihr seid einen langen Weg gegangen, der stetig nach oben führte. Oft war euer Gehen anstrengend, manchmal war die Steigung so stark, dass ihr fast gestrauchelt wärt. Ihr habt ungeduldig die Zeit beschleunigt und seid dann die Wegabkürzung gegangen. Das war jedes Mal eine Herausforderung, aber genau dort habt ihr die Kraft und das Wissen eurer Mentoren wohltuend gespürt. Die Mentoren, mit denen ihr laut eures Seelenplans verabredet wart, haben euch aufgeholfen, wenn ihr gefallen seid, und euch wie verabredet durch die Dunkelheit geleitet. Sie haben euch immer wieder an einzelne Stationen eurer Seelenverträge erinnert.

Nun seid ihr angekommen, seid hohe Schwingung. Es ist für euren Körper erst einmal so, als hättet ihr eine Schallmauer durchbrochen, denn euer Aufstieg hat sich sehr schnell vollzogen, und oft setzen noch einmal heftige Reinigungen des irdischen Leibes ein.

Euer Körper ist Materie und muss sich erst an die hohe Energie gewöhnen. Das heißt, jeder Erdenbewohner reagiert individuell, einige von euch sind müde, andere können nicht schlafen und haben Unruhe in sich. Wieder andere reagieren mit Appetit oder auch Appetitlosigkeit.

Wir wollen dir mitteilen: lass dir Zeit, gehe sanft und in Liebe mit dir und deinen Mitmenschen um.

Ihr lebt, wie ihr wisst, in der Übergangsphase, und das bedeutet auch Umstellungsphase. Gebt Körper, Geist und Seele Zeit, erinnert euch an die Fähigkeit des Verjüngens. Achtet bitte auf das, was euer Körper nun braucht.

Es ist nun so weit, die Zellen haben die Fähigkeit, sich zu erneuern. Ihr werdet nicht mehr altern. Es ist Zeit, die Wellnesstempel aufzusuchen. Erinnert euch, denn ihr hattet in früheren Inkarnationen solche Tempel, in denen ihr euch regelmäßig aufgehalten und verjüngt habt.

Wie das Verjüngen geht, fragt ihr?

Es ist individuell, also für jeden anders. Einige tun es über den Geist, über Meditation, andere brauchen Wasser, in dem sie sich bewegen. Wieder anderen gelingt es, über Klänge die Zellen zu verjüngen. Findet euren Weg, erinnert euch daran. Höchste Schwingung verjüngt automatisch, doch ihr könnt es unterstützen.

Wir helfen euch, wir nehmen euch an die Hand.

Und es spricht Erzengel Raphael:

»Ich segne euch.

Ich bin es, Erzengel Raphael.

Es ist nun so weit, hier wird wieder ein Tor geöffnet, das Tor der Verjüngung.

Ihr werdet verjüngt durch die höchste Schwingung, die auf Erden ist.

Freundin und Freund, nun öffne ich, Erzengel Raphael, das Tor der Erneuerung, und von nun an werden sich deine Zellen verjüngen.

Das Altern ist vorbei, eine Fähigkeit ist erweckt.

Deine Selbstheilungskräfte wirken in Körper, Geist und Seele.

Mein grüngelber Strahl leuchte in dir, freue dich, es ist so weit.

Seid gesegnet, in Liebe, dein Erzengel Raphael.«

Die Mentoren der Neuen Zeit

Es ist uns eine Freude, euch auch durch dieses Kapitel zu führen.

Freundin und Freund, wir tauchen mit dir ein in die Neue Zeit der Mentoren. Was das bedeutet, fragt ihr? Nun, es sind die Berater der Neuen Zeit, das heißt, die Berater der Ganzheit.

Die Zeit, in der ihr euch nun befindet, bringt auch neue Berufe hervor. So ist der Mentor der Neuen Zeit ganzheitlich, und Beratungen werden wie Seminare sein.

Es geht dabei um euch, um die verschiedenen Stationen des Seelenplans und um Körper, Geist und Seele.

Die Mentoren, die von der Geistigen Welt autorisiert sind, in der Akasha-Chronik zu lesen, werden euch an die Hand nehmen und für euch das Bindeglied zum eigenen Lebensplan darstellen. Ihr werdet geleitet, doch wenn es darum geht, Erkenntnisse zu sammeln, werden euch die Berater anstupsen. So habt ihr es aufgeschrieben, denn würden sie euch hier die einzelnen Lösungen sagen, brächten sie euch um die Belohnungen.

Verstehst du, Bruder, erinnerst du dich Schwester? Ihr habt nach jeder Erkenntnis eine Belohnung aufgeschrieben und wolltet daher die Lösung selbst finden.

Da ihr euch nun in einer Zeit befindet, die es so vorher noch nie gab, sind diese Zeilen wichtig, denn ihr wolltet verstehen, um besser reagieren zu können, und so könnt ihr auch eure Mitmenschen besser einordnen. Einige sind selber Mentoren und sich ihrer Verantwortung bewusst.

Dazu noch eine Aufforderung an die Mentoren unter euch: Ihr seid in einer komplett Neuen Zeit, was auch bedeutet, dass sich euer Beruf gewandelt hat.

Was vorher oberflächig war und schnell, wandelt sich jetzt. Ihr habt die Fähigkeit, tiefer in die Menschen einzutauchen, dass heißt, ihr benötigt für Beratung und Therapie mehr Zeit. Eure Kunden sind intensiver und suchen Kontakt zu ihren Mentoren. Ihr seid oft selbst den steinigen Weg gegangen, was eine Vorbereitung auf das Wirken als Mentor war. Versteht ihr jetzt, warum das Leben so viele Fallstricke und Steigungen hatte? Versteht ihr? Es war Vorbereitung, ihr selbst habt es in euren Seelenvertrag geschrieben, weil ihr praktische Vorbilder sein wolltet, indem ihr vorangeht und andere eurem Beispiel folgen können.

Es melden sich nun einige Mentoren der Geistigen Welt zu Wort:

Jesus

Ich bin es, euer Jeshua. Habt Dank für euer Sein und Wirken.

Deine Seele erinnert sich an die Absprachen vor deiner Inkarnation.

Freundin und Freund, erinnere dich, sei lichtvoll und klar. Ja, auch ich bin ein Mentor. Ich bin der, der ich immer war, dein Bruder, und nehme dich an die Hand. Also traue dich. Ich warte auf dich. In Liebe, dein Jesus Christus.

Shakti

Auch ich bin Mentor der Geistigen Welt, der weibliche Anteil von Melek Metatron. Unsere Attribute sind Weisheit, Wissen, Mut, Stärke und Kraft. Deine Seele erinnert sich an mich und an diejenigen, die genau wie ich deine Mentoren sind. Das Gefühl der Geborgenheit breitet sich in dir aus. Ein Kribbeln auf der Haut.

Es ist die Energie von Shakti, willkommen in der Energie. Sei gegrüßt, du Erdenseele, sei gesegnet!

Merlin

Es spricht Merlin, auch ich bin und war Mentor. Einer meiner Schüler war König Artus. Man nannte mich auch den großen Zauberer. Deine Seele erkennt mich, denn ich trage die Farbe Weiß. Ich erinnere dich an die Suche des heiligen Grals.

Ich bin die fröhliche Klarheit und habe eine Energie, die dich erschauern lässt. Ich verneige mich und bin vereint mit der Ewigkeit.

Ich verneige mich vor dir, du viel gereiste Erdenseele.

Lady Nada

Lady Nada, Aufgestiegene Meisterin, Dualseele von Sananda und Göttin der Lebensfreude, spricht zu dir. Ich grüße dich, auch ich bin Mentorin der Geistigen Welt.

Nichts Lebendiges in diesem Universum kann ohne Liebe bestehen, wachsen und reifen. Dies sei verankert in deiner Seele. In Liebe, Lady Nada.

Der Eintritt der Dualseelen in die Partnerschaft und scheinbare Verzögerung

Ihr seid die Lichter dieser Welt. Wir wissen, wie es euch geht, wir wissen, wie sehr ihr auf die Liebe wartet. Es wurden Tore für die Liebe geöffnet, und ihr fragt euch, wie das sein kann.

Ihr wartet auf die Dualseele, seid schon in der Energie der Partnerschaft und könnt darum nicht verstehen, was passiert ist.

Es obliegt der Übergangsphase und der Zeitbeschleunigung, dass eure Partner noch nicht mit euch sind.

Wir wissen, wie ihr darunter leidet, und nehmen euch nun an die Hand, damit ihr die Wahrheit seht. Liebe ist niemals verloren. LIEBE IST!

Bruder, Schwester, erinnerst du dich? Ihr habt die Zeit mehrfach beschleunigt, und das war gut, denn so kamt ihr schneller ans Ziel. Doch Zeitbeschleunigung ist individuell. Versteht ihr?

Eure Dualseele hat genau wie ihr die Zeit beschleunigt, doch er/sie hat sich manchmal in den Sicherheitsnetzen seines eigenen Seelenkontrakts verfangen und ist darum stecken geblieben. So fiel er/sie nach und nach in sein eigenes Tempo zurück, das nicht beschleunigt ist, aber seiner Seelenabsprache entspricht. Versteht ihr? Es ist keine Verzögerung, es ist im Plan. Es kam durch die unterschiedlichen Geschwindigkeiten zu einer Art Kluft zwischen euch. Das heißt, euer Partner ist scheinbar zurückgefallen und hat auch noch zusätzlich eine andere Schwingung. So entstand eine Kluft.

Ihr könnt euch plötzlich nicht mehr spüren, eure Dualseele scheint verschwunden zu sein.

Der Kontakt brach ab, und ihr bekamt Angst.

Wir wissen, wie es euch geht, wir wissen, dass ihr an euren Inkarnationsverträgen, an eurer Liebe gezweifelt habt.

Darum Bruder, Schwester, nehmen wir dich gerne an die Hand und sagen dir: Es trifft ein!

Seelenverträge gehen machtvoll in Erfüllung. So ist es, und so wird es immer sein.

Darum zweifle nicht!

Gehe weiter voran, das Seil in deinen Händen ist das rote Sicherheitsband der Absprache in Liebe. Es wird nie reißen, und die Verbindung zu deiner Liebe besteht, auch wenn du sie nicht spürst.

Du hast dich umgedreht, hast zu deinem Schatz nach unten gesehen, und dir ist schwindelig geworden. Hab keine Angst, er wird nicht fallen. Du hast die Kraft, ihn zu halten.

Er wird aus eigenen Kräften emporsteigen, dem Licht und der Liebe entgegen, einen Absturz wird es nicht geben, denn das habt ihr so nicht vereinbart.

Freundin und Freund, wir lesen deine Gedanken. Sei unbesorgt. Du hast viel für die Liebe getan, nun bist du müde und kannst nicht mehr. Eure Liebe IST! Deine Liebe muss die Straffheit des Seils spüren, dann folgt deine Dualseele dir unweigerlich.

Partnerschaften der Neuen Zeit können nur funktionieren, wenn beide Partner in der gleichen Schwingung sind.

Darum gehe weiter voran, die Liebe wird dir folgen und dich einholen. Du bist nicht mehr allein! DIE LIEBE IST EINS! Nur wer die Liebe in sich gefunden hat, kann sie nach außen tragen und die Liebe der Neuen Zeit leben.

Schwingungsunterschiede und wie sie sich in der Übergangszeit bemerkbar machen

Wir wissen, ihr habt Fragen, die euch auf der Seele brennen. Wir wissen, dass sich Schwingungsunterschiede in dieser Zeit schmerzvoll bemerkbar machen können.

Darauf wollen wir, die Geistige Welt, nun eingehen. Wie kommt es dazu, wo ihr doch aufgeschrieben habt, dass alle Menschen, die den Aufstieg wollen, in der neuen Energie leben?

Nun, es obliegt wieder der Übergangsphase, die, wie ihr wisst, durch Zeitbeschleunigung und Planänderung entstanden ist.

Einige von euch sind sehr schnell aufgestiegen, sie leben bereits im Goldenen Zeitalter.

Doch der Eintritt ins Goldene Jerusalem war und ist individuell, und so sind viele Menschen noch auf dem Weg oder noch nicht erwacht.

Das heißt, es kommt zu Schwingungsunterschieden, die sich in eurem Leben bemerkbar machen.

Ihr befindet euch in der höchsten Schwingung, und euer Umfeld ist ein Spiegel. Ihr erkennt, dass die Spiegelungen euch nun wohlgefallen, und wenn nicht, ändert ihr eure Richtung. Ihr habt gelernt, auf Spiegelungen und auf den Unterschied zwischen angenehmer und unangenehmer Reflektion zu achten. Ebenso habt ihr gelernt, dass, wenn Spiegelungen wehtun, die Baustellen im Seelenplan reflektiert werden und ihr dann die Richtung ändern und erkennen müsst, wo die Baustelle ist und warum. Wenn ihr zum Beispiel in den Selbstwert gehen sollt, stößt euer Umfeld euch genau dort hinein. Das Umfeld spiegelt dir zum Beispiel du bist dir nichts wert. Das heißt: Gehe in das Selbstbewusstsein, sei dir etwas wert!

Es ist uns bewusst, dass wir manche Dinge wiederholen, doch das geschieht mit Absicht, denn so wird das uralte Wissen in euch geweckt.

Es gibt Unterschiede in den Erwachungsstufen der Menschen, was sich wie folgt auswirken kann: In der Liebe spürt ihr die Müdigkeit, denn der Partner hängt an eurem Seil des Seelenvertrags, und da er noch nicht auf eurer Höhe ist, wird euch Kraft entzogen, die ihr braucht, das Seil straff zu halten. Versteht ihr es jetzt? Geht bitte voran und wartet nicht, die Dualseele folgt euch! Das alles sind Erscheinungen der verschiedenen Erwachungsstufen.

Im Beruf spürt ihr zum Beispiel, dass ihr für manche Gespräche und Menschen mehr Kraft braucht als sonst.

Ihr habt auch hier vor der Geburt eine Vereinbarung getroffen, nämlich dass alle Mitmenschen, die aufsteigen wollen, demjenigen folgen, der in der höchsten Erwachungsstufe ist. Dies steht in euren Seelenschriften, und nur so können alle Menschen aufsteigen. Das bedeutet: Auch hier gibt es eine Art Sicherungsseil, das es gilt, straff zu halten, damit ihr nicht abrutscht und eure Mitmenschen folgen können. Versteht ihr es? Versteht ihr jetzt, warum ihr hohe Würdenträger seid, hochgeachtet in der Geistigen Welt? Ohne euch hätte Luzifer niemals wieder zu seinem angestammten Platz an Gottes rechter Seite zurückkehren können! Ohne euch hätte dieses Massenerwachen und der Aufstieg an sich niemals stattgefunden, denn ihr seid lebendige Lichtsäulen, die an jene Licht abgeben, die nicht direkt von der Quelle annehmen können.

So versprühst du überall dort goldenes Licht, wo dein Weg dich hinführt.

Bist du an Orte geführt worden, die nicht deiner Ausrichtung entsprachen? Genau diese Menschen, die du dort getroffen hast, brauchten deinen göttlichen Funken dringend, um zu erwachen oder um den Impuls zu haben, die Seelenwanderung weiter zu verfolgen.

Wir wissen, wer du bist, wir erkennen dich an deinem Seelenstrahl, wir wissen von all deinen früheren Inkarnationen und auch, dass du in der geistigen Heimat hoher Würdenträger warst und bist. Wir danken dir für dein SEIN und hüllen dich ein in die bedingungslose Liebe.

Die unterschiedlichen Stufen des Erwachens und die Auswirkung auf unser Leben

Warum ist in dieser Zeit das Vertrauen in den eigenen Seelenplan und die Verbindung zum goldenen Engel in dir so wichtig?

Die Geistige Welt ist es, die diese Zeilen übermitteln lässt. Taucht ein in die Schriften, taucht ein, wir nehmen euch gerne wieder an die Hand. Spürt die Energien der geistigen Heimat, spürt sie und wisst, dass in diesem Buch versteckte Weihen und Segnungen enthalten sind. Wir wissen, wie es euch geht, wir wissen es.

Ihr fragt euch, wie viele Stufen des Erwachens es eigentlich gibt? Wir sagen euch: Es sind unzählige. Da ihr alle keinen Stillstand wolltet, geht es beständig weiter.

Wir wissen, dass einige von euch nun fragen: »An welcher Stufe des Erwachens stehe ich jetzt?« Unsere Antwort: Wir sprechen von Energien wie Shambala und nicht mehr von Zahlen. Denn euch Zahlen zu nennen würde bedeuten, dass die verschiedenen

Stufen linear sind, und dieses Denken habt ihr doch schon aufgebrochen. Versteht ihr?

Wir sprechen also von der alten und der neuen Zeit. Das ist logisch und nicht kompliziert, werden jetzt einige denken. Aber ja, so logisch ist euer geistiger Ursprung, erinnert ihr euch?

Einige Menschen befinden sich noch in der alten Zeit, wie ihr wisst. Ihr selbst seid eingetreten in das Goldene Jerusalem.

Das bedeutet, ihr habt immer wieder auch Berührung mit der alten Zeit.

Da euer Körper Materie ist, fühlen sich diese Schwankungen ermüdend an.

Und nicht nur dass: Ihr habt auch plötzlich Körpergefühle, die schon lange nicht mehr existent waren, fühlt euch müde, krank, und alte Allergien, die überwunden waren, können kurz wieder aufflammen.

Ihr befindet euch doch eigentlich in der Energie der Verjüngung, in der es kein Altern, keine Krankheiten mehr gibt, keine Depressionen und Süchte.

Darum ist dieser unbewusste Wechsel zwischen alter Energie und Neuer Zeit für euch noch so anstrengend. Versteht ihr es jetzt? Das obliegt der Übergangsphase und wird, wenn alle Menschen sich in der Neuen Zeit befinden, nicht mehr belastend sein.

Das Wechseln zwischen den Erwachungsstufen der Neuen Zeit wird für euch dann nicht mehr ermüdend sein, weil es keine Reibung mehr gibt. Bis dahin sind die Welten, die unterschiedlichen Schwingungen, komplett getrennt. Warum?

Es ist ein Schutz für euch, die ihr in den hohen Vibrationen verweilt und ein Anreiz für jene, die sich in Dualitätsfrequenzen aufhalten, denn durch die dabei entstehende Schwere im Leben entsteht eine Sehnsucht nach Verbesserung.

Wir wissen, wie es euch geht, wir helfen euch, indem wir euch in höchster Energie baden, damit es euch möglichst immer gut geht.

Dein Höheres Selbst, der goldene Engel in dir, ist deine Verbindung zur Geistigen Welt, und darum ist diese Anbindung so wichtig, gerade in dieser Zeit. Vergesst nicht und bleibt bitte im Vertrauen.

Durch diese Verbindung könnt ihr niemals abrutschen, es kann euch nichts geschehen, was nicht im Seelenvertrag steht.

Daran wollen wir euch immer wieder erinnern.

Darum seid ihr alle über euren Geist mit uns verbunden, und dieses Sicherungsseil wird niemals reißen, nie!

Wie immer ihr auch dieses Sicherheitssystem nennt, es ist IMMERDAR und zusätzlich fest verankert in den Seelenschriften. Reicht eurem Chi-Engel die Hände, bittet um Energie.

Das Höhere Selbst oder der Sonnenengel, wie man es auch nennt, ist eure Verankerung in der geistigen Heimat. Er ist auch zuständig für die Reinigung und Heilung der Menschen. Seine Energie ist wie ein wichtiges Puzzleteil eurer Energie angepasst. Dies löst Blockaden, öffnet Chakren, entgiftet und entschlackt.

Der Karmische Rat – der Ursprung ist der Neuen Zeit angepasst

Wir führen die Leser gerne über diese Schriften weiter in das neue galaktische Zeitalter.

Diese beiden Welten in euch, das SEIN und euer Ursprung, wachsen zusammen.

So habt ihr mit eurem Aufstieg auch euer Sein im Hier und Jetzt und den geistigen Ursprung vereint. In diesen Worten ist ein versteckter Code enthalten, und eure Seele wird ihn erkennen, wird sich erinnern. Ein Geschenk aus dem URSPRUNG!

Das bedeutet für euch, dass ihr wieder an eure geistigen Kräfte angebunden und gleichzeitig im Leben seid. So habt ihr es geplant, denn ihr wolltet nicht warten und habt die Zeit beschleunigt. Bruder, Schwester, erinnerst du dich, du bist auch darum freiwillig inkarniert? Du wolltest eintreten ins Goldene Jerusalem und gleichzeitig wieder vereint sein mit deinem Ursprung. All dein Können, all dein Wissen aus deinen Aufenthalten in der Geistigen Welt und deiner vielen Inkarnationen, all das ist im Jetzt mit dir vereint.

Du bist angekommen in der ALL-EIN-HEIT!

Die ALL-EIN-HEIT besteht auch aus dem Karmischen Rat, der sehr wichtig für eure Inkarnationsverträge ist, und dem JETZT. Dieser Rat weiß um alle Seelenabsprachen, jeder Einzelne ist hier sozusagen gespeichert, aber nicht nur das: Eure Seelenpläne wurden vor der Inkarnation von den Räten des Lichts geprüft und dann abgesegnet. Der Karmische Rat und die Lords des Lichts beschützen den Aufstieg der Erde und der Menschen. Anschließend findet ihr einige Beispiele, wer unter anderem zu den Räten des LICHT-SEIN gehört. Wir sind universeller, als ihr denkt, wir sind EINS!

Das ist eine wichtige Erkenntnis, denn unterschiedliche Glaubensrichtungen haben euch geteilt. Es entstanden sogar Kriege deswegen, Grenzen und Mauern die Völker trennten. Familien, die aufgrund dieser Grenzen auseinandergerissen wurden. Wir schreiben bewusst in der Vergangenheit, denn all dies löst sich längst auf, weil ihr es seid, die es auflösen. Durch euer SEIN, durch die hohe Schwingung, seid ihr klar denkend und könnt Grenzen, Mauern und Streit nicht mehr ertragen. Ihr erkennt, was WIRKLICH ist!

Im Goldenen Jerusalem leben heißt: frei denken, frei handeln, frei SEIN. Eure Religionen, Politik und Wirtschaft sind ein Spiegel eurer selbst, ein Spiegel der Menschheit. Ihr seid die Neue Zeit!

Alle Menschen wurden vor der Geburt gefragt, ob sie für den Seelenaufstieg im Leben bereit sind. In vielen früheren Inkarnationen konntet ihr diesen

Sprung nur machen, indem der irdische Tod gewählt wurde. So ist es möglich, dass Frieden IST. Wir wissen, wer diese Zeilen liest, wir wissen es!

Freundin und Freund, ihr seid die Vorreiter, nach euch werden noch viele Menschen eintreten in die goldene Energie. Hoher Würdenträger, Avatar der Erde, wir grüßen dich und danken dir. Sei gesegnet.

Herzlich Willkommen im JETZT, herzlich willkommen in der SEIN-ALL-EIN-HEIT.

»Ich bin, der ich bin und schon immer war, Jesus Christus. In der Geistigen Welt genannt Lord Sananda, viele Lichtkinder kennen mich auch als Jeshua.

In den Schriften wird mein Name absichtlich so genannt, eure Seele weiß warum, sie versteht den Code, der darin steckt. Ich weiß, wer ihr seid, ich erkenne jeden von euch an seinem Seelenstrahl. Einige Botschafter des Lichts trafen mich auf meinen Pilgerreisen. Ihr werdet mich wiedersehen, ihr erkennt mich an meinen Augen.

Meine Botschaft erinnert euch daran, wer ihr seid. Hohe Würdenträger, Engel, Avatare der Erde, erinnert euch!

Ihr seid nicht nur die Erbauer des Goldenen Jerusalems, ihr seid die ersten Menschen auf Erden, die in eine noch fremde Welt eintreten werden. Ihr werdet Kontakt zu uralten, unterirdischen und kosmischen Welten aufnehmen. Als Kinder kanntet ihr diese Welten und habt gewusst, wie man sie betritt.

Lemurien lebt, die innere Erde lebt, das Weltall lebt, erinnert euch. Ihr seid weit gereiste inkarnierte Seelen. Wisst, es gibt mehrere Welten, die Erde ist nur eine davon.

Erinnert euch an euren damaligen Heimatplaneten. Ihr seid, die Avatare der Erde, ihr seid es, die diese Welten wieder miteinander verbinden. Hohe Würdenträger, herzlich willkommen in der SEIN-ALL-EIN-HEIT! Ihr seid hochgeachtet und geliebt, seid gesegnet, Jesus Christus.«

»Hier spricht Adonaj Jahwe, auch ich bin ein Teil der Geistigen Welt.

Ich bin ein jüdischer Gott und sitze wie Jesus im Karmischen Rat.

Der zwölfte Rat ist die Instanz in der Geistigen Welt, die über die Erde wacht und eingreift, wenn es um Planänderung geht, um Gnadenenergie oder um die Erde.

Ja, auch ich sitze neben Jesus und Gott. Wir sind EINS, und das schon eine lange Zeit.

Die verschiedenen Religionsrichtungen haben euch immer getrennt, und auf Erden zu Spaltungen, Fehden und sogar Kriegen geführt. DAS ist nun vorbei, denn ihr seid der FRIEDE und die LIEBE.

Ich, Jahwe, sage euch, Bruder, Schwester: Erinnere dich, wir waren und sind EINS, du bist verbunden mit der WIRKLICHKEIT. Du bist die WIR-LICHT-EIN-HEIT!«

»Es meldet sich zu Wort Brahma, Gott des Hinduismus, der Gott der VIEL-SEIT-IG-KEIT.

Auch ich bin ein Teil des GANZEN, auch ich bin die WIRKLICHKEIT und sitze wie Gott, Jesus Christus und Jahwe im Karmischen Rat. Und das seit langer Zeit.

Darum ein Ruf erschallt: Jünger, Bruder Schwester, Freundin, Freund, erinnere dich und sei ab jetzt vereint mit der WAHR-HEIT.«

»Es spricht, Buddha, Gott des Buddhismus, ich bin der Gott der ERLEUCHTUNG und WEIT-SICHT-EIN-HEIT. Auch in diesen Worten steckt für deine Seele ein Erinnerungsteil. Ich setzte das RAD DER LEHRE in Bewegung.

Auch ich bin ein Teil des GANZEN, auch ich bin die Geistige Welt, ein Teil des ZEHN-TEN-RAT.

Seele, erinnere dich, sei ERLEUCHTET, es ist JETZT!

Namo tassa bhagavato arahato samma-sambuddhassa.

Verehrung ihm, dem Erhabenen, Heiligen, vollkommen Erwachten!«

»Ich bin Mohammed, menschlicher Prophet und Hüter des Korans.

Ich bin gekommen, um euch wachzurütteln.

Das Verharren im alten Sein ist in dieser Zeit gefährlich, denn die Erde transformiert alles, was nicht dem höchsten Bewusstsein entspricht.

Ich bringe euch die Offenbarung Gottes!

Achtet auf die Zeichen der Zeit.

Mohammed, der von Gott Gesandte.«

Es meldet sich zu Wort Saint Germain.

»Ich bin Aufgestiegener Meister und Teil des Karmischen Rates. Mein Motto ist freie Wahl und Selbsterkenntnis. Auch ich bin Teil der ALL-EIN-HEIT.

Meine Nachricht an euch: Erkennt, was WIRKLICH ist. AUCH unter euch sind Aufgestiegene Meister, freiwillig inkarniert, und euer Seelenstrahl leuchtet hell in die Geistige Welt.

Wir wissen, wer du bist, wir wissen, wer diese Zeilen liest. Dein Leben bis jetzt war Vorbereitung auf die VOLLKOMMENHEIT!

Saint German, der Wächter aller Transformationen, Umwandlungen in die bedingungslose Liebe!«

Die Sehnsucht nach Liebe

Ihr Lieben, wir wissen wie es euch geht, gerne nehmen wir euch weiter an die Hand und führen euch in eine Neue Zeit.

Ihr habt viel erlebt und seit weit gereiste Seelen, oft inkarniert und nun freiwillig gekommen, um Teil des Goldenen Jerusalem zu sein.

Wir wissen, wer diese Zeilen liest, wir stehen hinter dir und erfreuen dich mit unseren Energieschauern, die ihr Menschen so sehr liebt.

Einige Themen werden von uns, der Geistigen Welt, immer wieder aufgegriffen, weil sie so wichtig sind und es, wie in diesem Fall, schon wieder eine Neuerung gibt.

Das ist die Neue Zeit, es geschieht alles schnell und nicht linear.

Das heißt, es kommt Punkt 7 aus eurem Seelenplan, bevor Punkt 1 eingetreten ist.

Es gab eine Planänderung in Sachen Liebe. Gott hat eingegriffen, er darf es, weil ihr alle diese Gnadenfrequenz im Lebensplan verankert habt. Ihr habt euch gut abgesichert, erinnert euch.

An die Dualseelen, die sich noch nicht gefunden haben:

Es obliegt einer Planänderung, hinter der eine Segnung steckt, denn Gott musste euch noch einmal schützen. Schattenenergien greifen besonders die Liebenden an, haben verstärkt die Liebenden angegriffen, die hohe lichtvolle Ziele haben. Versteht ihr jetzt diesen Schutz, hinter dem eine Segnung steckt?

Die Schattenenergien sind bald nicht mehr stark und mächtig, und trotzdem ist es notwendig, dass ihr auch dies immer wieder transformiert. Es ist die Übergangsphase, denn es sind noch nicht alle Menschen erwacht.

Luzifer ist aufgestiegen, doch die Erinnerung an euer Ego ist wie ein Schatten immer noch da.

Viele von euch haben Schwierigkeiten zu erkennen, wenn das Ego sie angreift. Daher unser Rat, auf die Spiegelungen in eurem Umfeld zu achten, die oft schmerzhaft, aber wertvoll sind, denn sie zeigen euch eure Baustellen. Versteht ihr jetzt? Ihr seid zwar eingetreten in das Goldene Jerusalem, doch das betrifft nur ein Teil der Menschen, und darum sind diese Energien noch vorhanden.

Ihr seid zwar hohe Energie, doch viele wechseln unbewusst zwischen den Schwingungen hin und her. Sie verlieren sich in niederer Schwingung und erkennen es nicht. Wir verstehen euch, wir wissen, wie es euch geht und dass ihr müde seid.

Daher auch hier: Achtet auf die Spiegelungen eures Umfelds, jeder Lichtbote hat sich eine Art Warnsystem in den Seelenkontrakt geschrieben.

Ihr könnt es fühlen, wenn plötzlich alte Muster wieder auftauchen oder wenn ihr plötzlich traurig oder müde seid. Warnsysteme eures Seelenplans sind individuell, weil ihr sicher gehen wolltet, dass ihr erkennt, wenn es nicht in die richtige Richtung geht. Versteht ihr jetzt?

Achtet auf Spiegelungen und bittet eure menschlichen oder geistigen Mentoren, euch Klarheit zu bringen. Sie werden euch durch ihre hohe Energie wieder hochführen in Shambala.

Dualseelen, seid nicht traurig, wir wissen, wie es euch geht, wir wissen, wie sehr ihr euch nach Liebe und der LEICHTIGKEIT DES SEINS sehnt.

Ihr werdet durch eine dritte Person zusammengeführt, die für kurze Zeit euer Liebesmentor ist. Diese dritte Person ist euch nicht fremd, sondern ein Mensch, mit dem ihr schon einmal inkarniert wart. Ihr könnt uns glauben, wir haben euer Rufen gehört. Darum hat Gott diese Segnung erteilt.

Seelenpläne gehen mit voller Macht in Erfüllung, es gab in der Liebe keine Verzögerung, es scheint euch nur so.

Wie ihr wisst, ist Zeitbeschleunigung geschehen, da diese aber individuell ist, sind einige Dualseelen zurückgeblieben und in das eigene Tempo ihres Seelenplans zurückgefallen.

Auch darum hat Gott diese Liebesmentoren auf den Weg geschickt.

Liebesmentoren dieser Welt: Euer Weckruf erschallt, ihr seid höchste Schwingung, hohe Würdenträger, Engel, Avatare der Erde, es ist so weit. Es wird zusammengeführt, was zusammengehört. MENTOREN DER LIEBE, führt die Dualseelen zusammen. Führt die Liebe in das Wirken und in die Partnerschaft. Es ist der höchster Schutz, und es ist die

ALL-EIN-HEIT DER LIEBE!

An die Dualseelen, die sich gefunden haben, doch an ihrer Liebe zweifeln:

Bitte zweifelt nicht, dann greifen die Netze eures Warnsystems. Erkennt, was wirklich ist. Es geht euch nicht gut, weil ihr an der Liebe zweifelt. Erinnert euch: In eurer Absprache steht, dass ihr der Liebe vertraut und alte Ängste aus vergangen Leben loslasst.

Auch ihr seid Schattenenergien ausgesetzt, auch ihr seid hohe Würdenträger der Geistigen Welt. Wir wissen, wie es euch geht, wir wissen, wer diese Zeilen liest. Erinnert euch bitte an die WIR-LICHT-HEIT!

Das Sicherheitsnetz im Seelenvertrag

Jeder Mensch hat, wie ihr wisst, vor der Inkarnation einem Seelenentwurf zugestimmt, das heißt, jedes kleinste Detail eures Lebens ist von euch so geplant. Zufälle gibt es nicht, es gibt also auch keine Schuld oder Fehler. Es sind die Gnadenfrequenz und die Frequenz der Planänderung, die Zeitbeschleunigung enthalten, und somit darf Gott jederzeit eingreifen. So habt ihr euch abgesichert. Was so fröhlich in der geistigen Heimat geplant, ist oft im Leben, in der Dualität, fast unüberwindbar. Durch die Gnadenenergie darf Gott eingreifen, um es euch leichter zu machen.

Eine weitere Nachricht für euch: Jeder Erdenbewohner hat im Seelenvertrag Sicherheitssysteme oder auch Sicherheitsnetze eingebaut. Dies habt ihr individuell verankert. Das heißt, diese Netze spürt jeder von euch anders, nämlich genauso, wie ihr es aufgeschrieben habt. Es ist individuell, weil ihr damit erreichen wolltet, dass es auf jeden Fall erkannt wird, wenn ihr euch in einem eurer Netze verfangen habt.

Sicherheitssysteme im Seelenvertrag können also durchaus wehtun (Schmerzen der Seele und des Körpers), wenn ihr euch darin verheddert habt. Versteht, ihr wolltet es selbst so, damit ihr erkennt, wenn ihr abrutscht.

Bruder, Schwester, wir flüstern dir zu: Rotorange ist das Licht um dich. Freundin und Freund, leises Raunen und deine Seele ERKENNT! Wir wiederholen uns absichtlich, weil ihr euch dadurch an die Details erinnert, daran, was ihr vor eurer Inkarnation vereinbart habt.

Das Sicherheitssystem soll dich schützen, wenn du vom Weg abkommst oder wenn dein Sprechen, Denken, Handeln in eine für dich falsche Richtung geht.

Bruder, Schwester, wir nehmen dich an die Hand und führen dich weiter in eine neue Welt.

IN DIE NEUE ZEIT DER LIEBE, DER VOLLKOMMENHEIT UND DER FÜLLE. Wir flüstern dir zu: Folge uns, Goldorange um dich, komm mit uns, und wir halten deine Hand. Wir flüstern: Erinnere dich, du bist die SEIN-ALL-EIN-HEIT. Liebe fließt durch dich, Liebe erwacht in dir und die Gewissheit, dass du niemals allein bist. Spüre die Energie deiner geistigen Heimat! Wie flüstern dir zu: Goldorangenes Licht hüllt dich ein. Liebevolles Raunen um dich herum! Bruder, Schwester, willkommen in der ZEIT DER LIEBE, FÜLLE und VOLLKOMMENHEIT!

Lemurien und Atlantis

Wir flüstern euch zu den Worten Atlantis und Lemurien Folgendes zu: Seele, erinnere dich an deine Vergangenheit, die Farben Gold und Orange erstrahlen, und wir gleiten mit dir in diese Zeit. Alte Zeit verbinde sich mit Neuer Zeit.

Lemurien und Atlantis leben durch euch, entstehen wieder neu auf Erden.

Erbauer des Goldenen Zeitalters, freiwillig inkarniert, ihr seid die ehemaligen Bewohner von Lemurien und Atlantis.

Durch euch vermischen sich die Zeiten, Altes mit Neuem vereint. Erinnere dich, geliebte Erdenseele, du hast es so geplant. Der Eintritt in das Goldene Jerusalem und die Geburt einer vollkommen Neuen Zeit! Wir flüstern dir zu: Shambala, Gold und Orange fließet ein in das Zeitalter der Liebe, der Großzügigkeit und der Fülle. Wir flüstern leise: Goldene und Orangefarbene Strahlung um dich herum und in dir ein Geheimnis. Es entstehe hohe Schwingung in den Farben Gold, Orange und Blau. Gelebte alte Zeit vereinige sich mit Neuer Zeit, und es entsteht das neue Goldene Jerusalem in der Vollkommenheit!

Es meldet sich zu Wort Memoria:

»Ich bin ein Engel des Schutzes, vielen von euch bekannt aus ihrer ersten Inkarnation in Lemurien.

Auch ich bin ein Teil der Geistigen
Welt, auch ich bin ein Teil von euch.
Memoria erstrahle in neuem Glanz.
Ich flüstere dir zu:

Freundin, Freund, sei willkommen in der Energie von Memoria.«

Der galaktische Mensch

Die Erde ist nur eine Übergangsstation, ein Ort, an dem wir uns so lange erfahren wollten, bis wir einen gewissen Grad an Reife erlangt hatten.

Wo kommst du her? Wer sind deine kosmischen Eltern? Wer bist du wirklich?

Du bist nicht dein Körper, auch nicht deine Arbeit oder dein Verstand.

Wer also bist du in Wirklichkeit, und warum bist du in diesem Leben gelandet?

Das alles führt zu der Überlegung, dass die Erde womöglich nicht in jeder Inkarnation unser Ziel war, sondern wir auch Leben auf befreundeten Planeten hatten.

Durch das Zusammenschmelzen von Himmel und Erde werden wir zu dem, der wir wirklich sind, und treffen unsere Sternenfamilie und Erzengel wieder – und das alles, ohne den Körper verlassen zu müssen.

Eine Vorstellung, die unbeschreiblich schön ist, kaum in Worte zu fassen.

Der galaktische Mensch ist mit der ALL-EIN-HEIT verbunden, mit dem, was ist.

Durch die Botschaften, die ich empfange, weiß ich, dass die Erzengel und galaktische Familie keinen Unterschied machen zwischen Engel, Aufgestiegene Meister und galaktische Föderation des Lichts.

Für sie ist alles EINS, zur Geistigen Welt gehörend, und sie sind nicht nur EINS, sie wirken, verweilen und tagen schon seit langer Zeit zusammen.

Das kosmische Zeitalter hat sehr viel Gutes zu bieten, mit Fähigkeiten, sich das Leben von morgen heute selbst zu erschaffen, im Einklang mit der Göttlichkeit.

Interplanetare Reisen mit den Freunden, die wir unsere Sternenfamilie nennen.

Freie Nutzung hoher Technologie, die uns zur Verfügung gestellt wird, macht uns völlig unabhängig von Strom, Gas, Öl und anderen Dingen, für die wir zahlen müssen.

Teile der galaktischen Technologie wurden uns schon vor langer Zeit kostenlos zur Verfügung gestellt, die allerdings nicht bei uns angekommen sind, sondern von unserer Regierung für die Kriegs- und Rüstungsindustrie genutzt wurden.

Das alles wird sich ändern, denn der Kontakt zu unseren Sternengeschwistern beinhaltet, dass wir uns dessen bewusst werden, und sie stellen uns das zur freien Verfügung, was sie selbst längst zum Wohl aller nutzen. Die alte Elite hat also gute Gründe, den Erstkontakt zu verhindern und uns zu suggerieren, dass aus dem All eine große Gefahr droht und die Erde untergeht.

Warum die Regierenden dies tun? Nun, sie verlieren ihre Sklaven und ihre Macht über uns. Wer Angst hat, ist manipulierbar. Wer sich voll bewusst ist, kann nicht belogen werden.

Der galaktische Mensch ist also der, der im Goldenen Jerusalem wohnt und voll bewusst ist.

Seine Fähigkeiten sind:

Teleportation: Das Reisen von einem Ort zum anderen, im eigenen Körper, ohne Flugzeug, Bahn, oder Auto oder Ähnliches zu benutzen.

Materialisation: Verkörperung von Gegenständen, die man braucht.

Dematerialisation: Dinge verschwinden lassen.

Telepathie: Gedankenübertragung.

Telekinese: Dinge mit der Kraft der Gedanken bewegen.

Wir erschaffen uns also in der Tat unsere Zukunft selbst, im Kleinen wie im Großen.

Wenn du bei diesen Zeilen denkst, dies alles erst in deinem nächsten Leben zu können oder dass die oben beschrieben Fähigkeiten nur sehr begabte Lichtarbeiter haben, besteht die Gefahr, dass du dir genau diese Erfahrung kraft deiner Gedanken anziehst. Doch eine Erfahrung ist sofort gelöscht, wenn du erkennst, dass du göttlich bist und all diese wunderbaren Dinge längst in dir schlummern.

Das Zeitalter der Verbindung mit dem, was wir einst in der Geistigen Welt waren, birgt neue Möglichkeiten, setzt aber voraus, dass wir wissen, wer wir wirklich sind, wie unsere eigene geistige Macht wirkt und wie wir sie zum Wohl aller einsetzen können.

Wiederholt möchten wir betonen: Achtet bitte auf eure Gedanken, auf eure Aussendungen, denn ihr erntet und lebt morgen das, was ihr gestern ausgesandt habt.

So werdet ihr innerlich und äußerlich zu dem, was ihr in Wirklichkeit seid und immer wart.

Die neuen Grundsätze

Shambala ist die Jetzt-Schwingung, wirkt jetzt!

Vollkommenheit ist die Sofortschwingung, wirkt sofort!

Neue Zeit heißt auch, es ist alles in Bewegung!

Alles, was ihr tut, sagt und denkt, ist Energie!

Energie, die ihr aussendet, kommt sofort zu euch zurück!

Achtet auf eure Gedanken, ihr seid sehr mächtig über eure Krone!

Frieden mit sich selbst, und dann Frieden im Außen!

Heilung erfolgt von innen nach außen!

Lernaufgaben, die erfolgreich erkannt wurden, bereiten euch den Weg!

Hinter jeder Lernaufgabe steht auch die Lösung im Seelenplan!

Es gibt keine Zeit, weil ihr die Zeit seid!

Alles richtet sich auf das kosmische Gesetz aus.

Was ihr heute aussendet, lebt ihr morgen.

Erdung und Verankerung: hier ein Beispiel, wie das geht.

Gebet:

Liebe Mutter Erde; ich gebe meine Energie
zu dir nach unten; bitte wandle meine Energie
in positive um und verankere mich unten!

Lieber Melek Metatron;
ich gebe meine Energie zu dir nach oben;
Bitte wandle meine Energie
in positive um und verankere mich oben!
Danke; Danke; Danke;
Elexier; Elexier; Elexier; So'ham.

(Dreimal wegen der Dreifaltigkeit. Elexier heißt: bedingungslose Liebe, So'ham heißt: Ich bin Gott.)

Geistige Heimat – Nachwort von Sarinah Aurelia

Es ist der Geistigen Welt, die hier als Gruppe spricht, ein Anliegen, mit diesen Zeilen zu vermitteln, wie die Zusammenhänge zwischen Himmel und Erde sind. Wie es ist, wenn sich die Welten verbinden. Die Geistige Welt und unsere Welt vereinen sich. Viele Menschen sind genau darum freiwillig auf Lady Gaia, den Lernplaneten gekommen. Was wussten wir vor unserer Inkarnation, dass wir so »heiß« darauf waren, genau in diesem Zeitalter zu leben?

Es ist die Zeit der Wunder und der totalen Umbrüche, des Übergangs. Welch ein Kontrast!

Die Welt steckt in einem ihrer größten Transformationsprozesse. Was bedeutet das für Sie und Ihr Leben?

Die Bände bereiten vor und führen nach oben. Wir gehen so in die Absicht und an der Hand der Geistigen Welt die Erwachungsstufen hoch. Genauso, wie es in unseren Seelenverträgen verankert ist.

Beim Lesen wird altes kostbares Wissen aufgedeckt, und es entsteht eine Verbindung zum eigenen Seelenvertrag. Es sind Weihen und Segnungen, versteckte Codes und Toröffnungen enthalten. Es ist so, dass die Geistige Welt für Sie das Buch mit einer

Art Strichkode versetzt, der genau auf Ihre Person abgestimmt ist – mit Energie gefüllt und auf Ihre Person abgestimmt. So arbeitet das Gelesene individuell mit Ihnen.

Der Mensch an sich wird sich seiner eigentlichen Größe bewusst. Das ist ein wichtiges Detail, das wir in unseren Seelenplänen verankert haben.

Sie fragen sich, wie es weitergeht?

Nun, man könnte diese Bücher immer weiter schreiben. Es ist für Sie wichtig, dass Sie verstehen, was um Sie herum und mit Ihnen geschieht. Jeder Mensch, der zu diesen Schriften geführt wurde, hat dies auch so in seiner Lebenschronik verankert. Zufälle gibt es nicht!

Während dieser Übergangsphase wird jeder einzelnen Seele dabei geholfen, aufzusteigen. Dazu werden immer wieder die verschiedensten Energien auf der Erde verankert. Diese helfen den Seelen, Leid schneller loszulassen und in Freude und Liebe umzuwandeln.

Warum nennt uns die Geistige Welt hohe Würdenträger, Avatare der Erde, und was hat es mit der Sternensaat auf sich?

Sind Sie neugierig? Dann lesen Sie weiter.

Viel Freude bei Ihrer Reise in die Neue Zeit wünscht

Sarinah Aurelia

Abschlussworte

Hiermit wollen wir uns für Ihr Vertrauen bedanken.

Jeder, der diese Bücher liest, tut dies nicht zufällig. Zufälle gibt es nicht!

Es steht so in Ihren Seelenplänen.

So hat sich auch jeder das Mittel oder die Menschen ausgesucht, um zu erwachen und in die nächst höhere Schwingung zu kommen.

Es wurde alles von Ihnen selbst vor der Inkarnation geplant.

So kann Friede in Ihr Leben und außen einziehen.

Sie können den Menschen verzeihen, die ihnen wehgetan haben.

Denn es gibt keine Zufälle, es war so vereinbart, um Sie zum Beispiel in die richtige Richtung zu stoßen. Oder eine Auflösung von früheren Inkarnationen im Einklang der Seelenfamilie.

Seelenverträge sind sehr gut abgesichert und gehen mit voller Macht in Erfüllung.

Dies wird immer wieder betont, und es ist ein wichtiges Detail, denn Ihre Seele erinnert sich, dass es so ist, und Sie können voller Vertrauen Ihre Schritte weitergehen.

Es gibt keine Schuld und Zufälle! Es gibt keine Fehler!

Die Sicherheitsnetze Ihres eigenen Seelenvertrages lassen dies nicht zu!

Und es geht immer weiter, Sie werden mit den nachfolgenden Büchern sanft in eine völlig neue Zeit geführt. Zurückgeführt in Ihren eigenen Ursprung, der sich mit dem Jetzt verbindet.

Wir nehmen euch gerne weiter an die Hand, wir wissen, wie es euch geht, wir wissen, wer diese Zeilen liest, wir erkennen jeden Einzelnen von euch an seinem Seelenstrahl …

BAND 5

Die Geheimnisse, die in euch schlummern

Die geheimnisvollen Zeichen der Zeit

Ihr Lieben, wir grüßen euch, wir wissen wie es euch geht, und wir begleiten euch gerne weiter durch diese Zeilen. Es ist uns eine Ehre, euch durch dieses Medium weiterführen zu dürfen. Die Geistige Welt spricht hier als Gruppe. Wir sind die Erzengel, Engel und Aufgestiegenen Meister. Wir sind eure Geistführer, eure Mentoren und eure Sternenfamilie.

Was ist ein Seelenstrahl? Die Seele als solches strahlt und ist auf dem Seelenstrahl inkarniert, dessen Farbe sich nie ändert, also viele Inkarnationen gleich bleibt. So erkennen wir euch an eurem Strahl.

Was ist ein Seelenvertrag? Bevor eine Seele inkarniert, schreibt sie ihr bevorstehendes Leben in das goldene Buch des Lebens, in die Akasha-Chronik. Die Akasha-Chronik enthält die Seelenpläne jedes Wesens auf Erden. Aller, die waren, sind und sein werden.

Wir führen euch in eine noch geheimnisvolle Welt.

In der Welt, in der ihr lebt, entstehen wieder neue Welten, uralte Welten, die ihr alle gekannt habt, als ihr noch Kinder wart.

Eine dieser Welten heißt Shambala, ein uraltes Wort mit viel Zauber darin. Aber wie geht es weiter, fragt ihr?

Lasst euch von uns in die große Zeit von Memoria tragen, erinnert euch.

Memoria ist sowohl ein Engel wie auch eine Energie, die Energie von Lemurien.

Sanft flüstern wir euch zu: Große Dinge, Ereignisse, der blaue Planet verändert sich, so, wie ihr es immer schon wolltet. Sanftes Flüstern um euch, erinnere dich, Avatar der Erde.

Du bist genau dafür inkarniert, um in die Neue Zeit einzutreten und bei wichtigen Umbrüchen mitzuwirken.

Ihr hattet viel zu tun bis zu diesem Augenblick, hattet Reinigungen, habt Ängste aufgelöst, hattet schlimme Egoattacken, manchmal, ohne es zu merken, und es entstanden sofort wieder unangenehme Spiegelungen. Eure Mitmenschen machen euch unbewusst darauf aufmerksam, wenn ihr eine Baustelle im Seelenplan nicht sehen könnt oder wieder in die alte Denkweise geht.

Ihr fragt euch: Aber was kann ich tun, wenn ich es trotzdem nicht erkenne? Nun, achtet auf eure Mitmenschen, achtet auf Spiegelungen, sie sind sehr wertvoll, wenn auch manchmal unangenehm, aber sie zeigen euch den Weg und was ihr euch anschauen solltet. Dies gehört zum Sicherheitssystem, von euch selbst so im Plan verankert. Erinnerst du dich? Damals, vor deiner Geburt, sagtest du: »Ja, ich schreibe die Warnsysteme hinein, damit ich sie auf jeden Fall erkenne!« Das sind genau diejenigen unter euch, die Schwierigkeiten haben, zu erkennen. Ihr wusstet es schon vor der Inkarnation!

Wir möchten hier anmerken, dass die Geistige Welt nicht bestraft und auch nichts Unangenehmes aussendet, es ist die eigene Planung, die euch drückt. WIR SIND DIE LIEBE SELBST! Wir wissen, wie es euch geht, wir wissen, dass ihr müde seid. Wir wissen, wie lang der Weg bis hierher war, spüren eure Verzweiflung, wenn ihr es plötzlich wieder mit alten Energien zu tun und Angst habt, zu straucheln. Alte Energie, zäh, undurchdringlich für das Licht, bedeutet Stillstand. Stillstand für diejenigen, die sie aussenden, und auch für dich, wenn du damit oder mit den Menschen in Berührung kommst. Alte Energie bedeuten für dich, es besteht die Gefahr von Energiegefällen. Schwingungsunterschiede machen sich schmerzvoll bemerkbar.

Ihr seid jedoch immer weiter vorangeschritten. Dafür danken wir euch.

Euer Privatleben wurde von euren eigenen Lebensplänen auf den Kopf gestellt, Altes ging, und Neues kam. Oh ja, wir wissen, wo euer Weg hingeht, er geht immer weiter; ES WIRD KEINEN Stillstand geben, und ihr seid niemals allein. Seid ihr doch eingetreten in die ALL-EIN-HEIT, verbunden mit eurem Ursprung.

Wir, die Geistige Welt, bereiten euch auf eine Zeit vor, die es so noch nie gab, eine Schwingung, die so hoch ist, das ihr sie vor zwei Jahren noch nicht hättet im Körper halten können.

Wenn ihr jetzt stehen bleibt, weil ihr müde und erschöpft seid, schlagen sofort eure Sicherheitsnetze Alarm.

Denn eure Seele erinnert sich, was wirklich ist und wie wichtig es ist, nicht stehen zu bleiben, weil noch Größeres kommt.

Die Letzten werden auch am längsten mit alten Energien konfrontiert, und das wolltet ihr nicht.

Du trägst die Lösungen in dir, du bist voller neuer Ideen. Du trägst deinen Ursprung vereint mit dem SEIN in die Welt hinaus.

Alte Energien leben durch dich weiter, ja, du bist schon viele Male inkarniert, auch damals: Dein Leben in Lemurien, erinnerst du dich? Die Schwingung von dort hieß Memoria, benannt nach dem Engel Memoria.

Es leben Energieformen wieder auf, die ihr dachtet, längst verloren zu haben. Sie leben wieder auf, weil es in euren Seelenkontrakten steht.

Ihr wolltet so Mutter Gaia schneller heilen und habt euch entschlossen, das Beste aus euren vergangen Inkarnationen mitzunehmen und wieder aufzutauen. Ihr wusstet: Es wird euch und auch Lady Gaia helfen. Kostbarkeiten wie Diamanten, edel und klar, schlummern in euch.

Es geschieht jetzt. Lemurien war für viele die erste Inkarnation, und es war ein Leben ohne Ego. Ihr hattet nichts aufzulösen, keine Ängste, keine Traumen.

Woher denn auch, es war eure erste Inkarnation, Luzifer war noch nicht für das Experiment in der Dualität abgestiegen. Versteht ihr es jetzt?

Darum habt ihr auch die Schwingung von Memoria in die Seelenabsprachen geschrieben, weil ihr wolltet, dass sich diese Schwingungsenergie mit der Energie von Shambala vereint.

Freundin und Freund, wir, die Geistige Welt, waren und sind immer DA! Damals wie auch jetzt, ihr seid nicht allein, das wart ihr niemals. Ihr wart und seid im Jetzt mit der ALL-EIN-HEIT verbunden.

Wir flüstern euch zu: Shambala Farben vermischen sich mit Regenbogen. Wir flüstern euch zu: Regenbogen vereinige sich mit dem Farbstrahl deiner Seele.

Deine Aura erglänzt im neuen Licht. Es geschieht auf Erden eine vollkommene Umwandlung. Altes geht, Neues kommt, und das in allen Bereichen. So wird es Kindergärten und Schulen für die Kinder der Neuen Zeit geben, für die Indigo-, Kristall- und Regenbogenkinder und die Kinder der Kinder.

Es entstehen neue Ausbildungsberufe, und es werden große Umwandlungen in euren Religionsrichtungen geschehen. So entsteht Neues, und es entsteht FREIHEIT!

Es entstehen vollkommen neue Bereiche wie die Mentoren der Neuen Zeit. Die Berater, Therapeuten, wie sie von euch genannt werden, können nur weiterhelfen, wenn sie selbst UP TO DATE und in höchster Schwingung sind. Wir meinen hier natürlich keine Moderichtung, sondern die Aktualisierung des Wissens. Alle Firmen befinden sich im Wandel. Gehören sie der höchsten Schwingung an, geht es ihnen gut. Den Firmen aber, die sich nicht aktualisieren und sich ihre Prozesse nicht ansehen, geht es schlecht. Diese Firmen können nicht bestehen! Hier entstehen Reinigungsprozesse. Wenn die Inhaber, Mitarbeiter, Berater, Therapeuten aber selbst ständig mit ihren geistigen Mentoren verbunden sind, können sie sich und anderen helfen, und es fließt gleichzeitig hohe Energie. Hohe Energie ist sehr anziehend, sie bringt euch wieder Verjüngung.

Habt ihr schon einmal darüber nachgedacht, warum ihr euch innerlich immer gesperrt habt, wenn es um das Altern ging? Wir flüstern dir zu: Du wirst es nicht tun, du wirst nicht mehr altern, du bleibst ewig jung! Ihr habt im Goldenen Jerusalem die Fähigkeit, eure Zellen zu verjüngen, und dies geschieht jetzt schon unbewusst. Ihr verjüngt allein schon durch die hohe Schwingung, in der ihr euch befindet.

Großer Umbruch im Kleinen wie im Großen

Alte Strukturen gehen, neue kommen

Ihr Lieben, wir grüßen euch, wir nehmen euch gerne wieder an die Hand. Wir wissen, wie es euch geht, wir wissen, wer dies liest, wir erkennen euch am Seelenstrahl.

Erst wird sich eure private Welt verändern, und dann verändert ihr das Außen.

So verändern sich die alten Strukturen, und es entstehen neue. So wird es Zentren wie Edon geben, die euch unterstützen und in denen neue Plätze des Wirkens entstehen.

So zum Beispiel ein Haus der ewigen Jugend für die Menschen, die schon sehr lange in ihrem irdischen Körper sind.

Altenheime, so wie ihr kennt, wird es nicht mehr geben. Warum auch, es wird kein Altern und Siechtum mehr geben.

So entstehen neue Berufe. Der Beruf der Altenpflegerin wird total reformiert. Wer soll denn alte und schwache Menschen pflegen, wenn es keine mehr gibt? Es wird kein Siechtum mehr geben, weil ihr Fähigkeiten habt, euren Körper zu heilen und zu verjüngen. Wenn es keine Zeit gibt mehr gibt, verschwindet auch das Altern. Auch werden die oben genannten Begriffe und Berufsbezeichnungen der Neuen Zeit angepasst, so, wie ihr euch dem Goldenen Zeitalter angepasst habt.

Kinderhort, Heim für ledige Mütter, Krankenhaus, Heim für schwer erziehbare Jugendliche! Schauert es euch hier schon beim Lesen? Die Schwingung der alten Zeit ist spürbar durch diese Worte!

Oh ja, es wird weiterhin solche Zentren geben, doch mit neuen Begriffen und Ausrichtungen. Diejenigen, die dort wirken, werden der Neuen Zeit angepasst sein und ihre Berufsausbildung und Berufsbezeichnung auch. Versteht ihr? Es hat im Kleinen angefangen, bei euch selbst. Nicht eure Politiker, Wirtschaftsmanager, nein, ihr seid es, die die Welt, mit ihrem neuen Sein verändern.

Die Welt im Außen ist nur ein Spiegel eurer Welt im Kleinen.

Eure Umwelt verändert sich mit euch – bleibt ihr stehen, stagnieren auch die Veränderungen auf Erden.

Geht ihr weiter voran, indem ihr euch zum Beispiel in der höchsten Schwingung bewegt, verändert sich auch euer Planet zum Guten, und Mutter Gaia ist ja dabei, sich zu erholen, und sie wird sich mit euer Hilfe heilen. Es wird zusammengeführt, was zusammengehört.

Und wir nehmen dich wieder an die Hand, wir begleiten dich gerne weiter durch diese Schriften. Es sind versteckte Codes in ihnen enthalten, die deine Seele erkennt, und es geht für dich wieder eine Tür auf. Wir wissen, warum wir manche Worte immer und immer wieder wiederholen, wir wissen es.

Erzengel Michael sagt:

»Die Menschen sind oft wie in einem Kokon, der Kreis ist von ihnen gewählt, und er ist das ICH. Es begegnen sich die Menschen und doch nicht, jeder bleibt in seinem Kreis und sucht nach Lösungen für sich, aber die Geistige Welt hat die Lösung durch eine andere Person gesandt. Dies kann nicht aufgedeckt werden, wenn ihr zu sehr in der kleinen Welt eures Ichs seid. So nehmt ihr andere Menschen nicht richtig wahr, und auch die Lösung ist schwer zu finden, denn sie befindet sich nicht im eigenen Kokon. Geht aus dem Ring heraus in den Kreis eurer Nächsten, seid der Nächstenliebe zugewandt, so achtet ihr die Mitmenschen, und diese achten euch.

Stellt euch zum Beispiel vor, in eurem Wald sind kranke Bäume. Ihr sprecht mit anderen Waldbesitzern, doch ihr deutet immer auf eure kranken Bäume.

Die Lösung liegt im Wald des anderen Menschen, dafür müsst ihr jedoch mit ihm durch seinen Besitz schreiten und ihm genau zuhören. Lösungen, Ideen fliegen heran. Jeder von euch hat in der Blaupause seines Lebens stehen, dass ihr euch euren Nächsten zuwendet. Der Kokon ist zu klein, er ist eine kleine Welt, die abgeschlossen ist, darum tretet heraus und erkennt: Beim ›Eintritt in das Zentrum eurer Nächsten‹ tun sich auch für euch Lösungen auf. Die kleinen Welten verbinden sich. Wie im Kleinen, so im Großen.

Seid gesegnet, in Liebe, Erzengel Michael.«

Das Leben in der Übergangsphase und die Wirksamkeit des eigenen Seelenvertrags

Neue Welten tun sich auf!

Das Leben in der Übergangsphase – ein Zustand, den es so später nicht mehr geben wird.

Wie ihr wisst, sind noch nicht alle Menschen in die Goldene Stadt eingetreten.

Eure Welt hat sich im Kleinen stark verändert, doch braucht ihr noch Geduld, denn es wird sich auch die Welt im Außen verändern. Eure Wirtschaft zum Beispiel, denn es geht wieder mehr um die Menschen selbst. Ihr werdet wieder zu freien Menschen, das heißt, auch in euren Ämtern wird die Neue Zeit einziehen. Es geht auch dort wieder in erster Linie um die Menschen.

Es ist die Übergangsphase, die durch Zeitbeschleunigung und Planänderung entstanden ist.

Ihr wolltet so schnell wie möglich in die Mahatma-Energie eintreten, und ihr habt es geschafft. Hohe Würdenträger, Engel, Avatare der Erde, wir sind stolz auf euch. Viele sind freiwillig inkarniert oder haben sogar ihr Leben auf einem der benachbarten Planeten abgebrochen, um dabei zu sein, wenn Mutter Gaia sich vollkommen erhebt und in die Energie des 12. Tores zurückkommt.

Bruder und Schwester, erinnere dich, viele kamen von anderen Planeten, zum Beispiel von Arkturus, Andromeda, Sirius, Alpha Centauri, und haben so die Möglichkeit genutzt, die in ihren Seelenpakt stand.

Sie haben das eine Leben auf hoch entwickelten Sternenzivilisationen beendet, um gleich wieder auf diesem Lernplaneten zu inkarnieren. Wir wissen, was ihr jetzt denkt, wir wissen es! »Was muss das für eine besonders goldene Zeit sein, wenn sogar Seelen inkarnieren, die es eigentlich auf ihrem Planeten sehr gut hatten!«

Nun, es ist eine wunderbare Zeit, voller Energie, lichtvoller Umwandlungen, Freiheit und Liebe. Es ist das Goldene Jerusalem, und danach der Eintritt, ja, die höchste Schwingung aller Zeiten, die Vollkommenheit. Es ist die Zeit der wiederbelebten Hochkulturen Lemurien und Atlantis, und die Sternensaat kehrt zurück.

Maris, der Arkturianer

Es meldet sich zu Wort: Maris.

Ich bin nach Artee der ranghöchste Arkturianer auf dem Planeten Arkturus.

Meine Freunde, ich bin Maris, und ich grüße euch, OMAR TA SATT!

Wie geht es euch, fühlt ihr euch gut? Gleich werdet ihr staunen. Maris aus Arkturus wird euch auf Erden besuchen, wir werden einander die Hände reichen.

Ich bin da, um zu lernen, um die Menschlichkeit zu studieren und dabei zu sein, wenn der blaue Planet vor Energie erstrahlt, wenn Mutter Gaia sich erhoben hat. Ich unterstütze auch die Planeten, die ebenfalls einen Aufstieg vor sich haben, denn mit der Erde werden sich noch viele andere Planeten hoch schwingen.

Oh, was seid ihr Menschen liebenswert und schön, die schönsten Lebewesen auf Lady Gaia.

Auf Mutter Erde sind so viele schöne Kreaturen. Hier fallen mir, Maris, die Schmetterlinge ein, die aus dem Kokon kamen. Wisst ihr, wer euch das Geschenk hinterlassen hat? Wir Arkturianer haben bei unserem Besuch auf Erden das Geschenk der Schmetterlinge hinterlassen.

Meine Lieben, ihr werdet etwas Wunderbares erleben, viele von euch sind extra deswegen inkarniert. Es sind Tierarten zurück auf der Erde, die es hier schon lange nicht mehr gab. Seltene Pflanzen und Kräuter wachsen wieder, die eigentlich schon als ausgestorben galten. Und das alles, weil Lady Gaia sich geheilt und durch eure Hilfe ganz in die Schwingung der Geistigen Welt begeben hat.

Das freut uns, und ich will euch mitteilen, dass sich eure Gene und Zellen verändern. Ihr werdet nicht mehr altern und keine Krankheiten mehr haben. Ihr werdet eure Traumfigur haben, ohne hungern zu müssen. Die Lösung liegt in der nächst höheren Schwingung, in euren Zellstrukturen und in eurem Ätherkörper.

Wir Arkturianer sind technische Wesen und sehr interessiert an der Schönheit von Lady Gaia. Wir lieben es, die menschliche Rasse zu studieren. Wir sind begeistert von der Vielfalt und Schönheit der Menschen. Wir sind durchaus auch eine Wesenheit, deren Zier die Schönheit ist. Maris möchte euch sagen, dass der Aufstieg von Lady Gaia Wunder hervorbringt. So ist es auch möglich, sich mit einem Angehörigen anderer Planeten zu verbinden. So entstehen neue Energien, und es entsteht eine wunderbare Wesenheit.

Ich, Maris, studiere die Liebe und die Vielfältigkeit eurer Völker. Jeder eurer bisherigen Schritte wurde von uns gesehen. Wir sind weder fremd noch böse, sondern sehr treu und hoch technisiert. Wir lieben besonders eure Küche, denn auf Arkturus gibt es so etwas nicht. Nein, bei uns steht keine Frau in der Küche, wir haben viel Zeit für wunderbare Dinge.

Ihr seid wie viele von uns gekommen, um bei dem Aufstieg dabei zu sein. Stellt euch vor, es werden sich sogar eure Quellen verändern, sie sind dann hoch schwingend, und das Wasser ist sehr heilsam.

So hat das Wasser, das aus der Erde kommt, die Fähigkeit, die Selbstheilungskräfte zu aktivieren. Ihr könnt euch also mit dem Wasser, das aus der Quelle kommt, heilen. An diejenigen, die einen Trinkwasserbrunnen haben: Wir wissen, man hat euch teilweise die Nutzung untersagt. Nun aber wird sich die Struktur der Landwirte ändern, pflanzliche Nahrung und das Wasser aus euer Quelle werden rein und hoch aktivierend sein. Viele von euch haben in ihren Seelenabkommen stehen, dass sie sich mit einer Seele aus der Sternensaat verbinden. Maris sagt, dass diejenigen zu beglückwünschen sind, und wer könnte es besser beurteilen als ich, der Arkturianer.

Nun verabschiede ich mich, es war mir eine Freude, durch dieses Medium sprechen zu dürfen. Liebe Leserin und lieber Leser, du glaubst nicht, wie nahe wir euch sind. So verabschiede ich mich.

AN'ANASHA!

Die Liebe der Dualseelen

Das Geheimnis der Seelen,
die schon einmal miteinander gelebt haben

Wir, die Geistige Welt, nehmen euch gerne wieder an die Hand, diejenigen unter euch, die sich so sehr nach der wahren Liebe sehnen. Gerade Dualseelen sind sehr spiegelnd in Sachen Liebe. Seelenpartner hatten schon einmal miteinander zu tun, mindestens einmal in einer früheren Inkarnation. Das heißt, gerade ihr habt viel aufzulösen und zu transformieren.

Viele von euch haben sich eine geheilte Partnerschaft aufgeschrieben und lösen und transformieren darum alte karmische Ängste und Verstrickungen vor der Partnerschaft auf.

Ihr habt auch hier aus Sehnsucht und Ungeduld die Zeit beschleunigt. So kam es zu Dualseelenbeziehungen, doch einer hat noch Lernaufgaben. Aufgeschrieben habt ihr aber eine Partnerschaft im geheilten Zustand. So ist es oft sehr schwierig, in der Liebe, die schon gelebt wird, alte Muster und Denkweisen aufzulösen. Es entstehen Spiegelungen, und ihr verletzt euch, ohne es zu wollen.

So kann es auch sein, dass ihr den Partner noch einmal loslassen müsst und er in einer anderen

Partnerschaft eine Extrarunde dreht, hier das auflöst, was noch zu transformieren ist, damit ihr nicht damit belastet werdet, und er kommt im geheilten Zustand zu euch zurück. Wir wissen, wie es euch geht, wir wissen, wie sehr ihr euch nach Liebe sehnt. Doch habt Vertrauen, Seelenverträge gehen mit voller Macht in Erfüllung.

Wie ihr wisst, kann es auch vorkommen, dass durch die Zeitbeschleunigung der Seelenpartner in das Zeitgefüge seines eigenen Seelenplans zurückfällt. Es entsteht eine Distanz zwischen euch, die vorher nicht da war. Ihr spürt plötzlich die Liebe nicht mehr und seid verzweifelt. Doch bitte geht weiter voran und haltet das Seil der Seelenabsicherung straff. Die Liebe holt euch ein, es ist nur ein vorübergehender Zustand, der dem alten Zeitgefüge obliegt.

Die meisten Seelen haben sich in Sachen Liebe in die Lebenschronik geschrieben, dass nicht beide Partner in die alte Energie zurückfallen können. So gut habt ihr euch abgesichert. Also ist einer von euch geradezu getrieben, weiterzugehen, wobei oft Trennungen entstehen. Oder er wird von der Dualseele gezwungen, nach vorne zu sehen und loszulassen, wodurch das Seil zwischen euch straff und richtungsweisend für den Nachfolger ist. Seelen erinnern sich unbewusst daran, was im Buch des Lebens geschrieben steht, und handeln danach. Auch dieses Sicherheitssystem ist in der Chronik des Lebens verankert, so gut habt ihr euch abgesichert und nichts dem Zufall überlassen, gar nichts!

Zeitbeschleunigung und Fülle

Viele warten immer noch auf die Fülle. Das heißt, sie warten auf genug Finanzen zum Leben, so, wie es in den Blaupausen des Lebens steht. Die Leichtigkeit des Seins, das unbesorgte Leben.

Da Geld aber Materie ist, obliegt es noch dem alten Zeitgefüge. Erinnert euch: Ihr habt die Zeit beschleunigt, also kommt es auch hier zu Zeitrückständen, die es so in der höchsten Schwingung nicht mehr geben wird. Vollkommenheit heißt, die Materie, also auch eure Finanzen, ist nicht mehr an die alten Strukturen gebunden, sondern gehört der höchsten Frequenz an. Wobei wir betonen möchten, dass gerade Lichtarbeiter oft die Erfahrung des Mangels gewählt haben, um anderen ein Vorbild zu sein.

Es entsteht eine vollkommen neue Welt mit neuen Berufen und Lebensmustern. Spirituelle Firmen, die in der neuen Schwingung sind, werden gute Gewinne haben.

Neue Lebensmuster entstehen, weil immer mehr Menschen in die Schwingung der Vollkommenheit eintreten. Achtet auf eure Ideen und Eingebungen, es werden in allen Berufen die Menschen der Neuen Zeit gebraucht. Es ändern sich eure Einstellungen, es ist eine komplett neue Welt des Wirkens, die mit euch entsteht. Ihr seid in der Lage, durch Spiegelungen, die ihr erkennt, jederzeit die Richtung für den richtigen Weg, der in eurer Blaupause des Lebens steht, zu ändern.

Es wird in der Wirtschaft der Mensch wieder wichtig, es wird keine Fließbandarbeit im Akkord mehr geben. Natürlich werden weiterhin Fachkräfte in Fabriken gebraucht, doch eure Arbeit wird wieder menschlich sein. Es sind nicht eure Chefs, auf die ihr warten müsst, dass sie etwas verändern, es beginnt bei euch und im Kleinen, und es hat schon längst begonnen. So ändert sich auch das Große, und es entstehen neue Strukturen. Es gibt unter euch Lichtarbeiter, die im Seelenpakt stehen haben, dass sie das alte Machtgefüge aufbrechen. Zum Beispiel mit neuen Ideen, mit ihrer Einstellung, die sehr lichtvoll ist. Achtet bitte diese Menschen, sie tun es auch für euch.

Wir wissen, wie es euch geht, wir wissen, wie sehr ihr euch sehnt, innerlich spürt ihr, was entstehen wird und wie positiv dies für die Menschheit und die Natur ist. Wir flüstern dir zu: Erinnere dich an die Lösungen, erinnere dich an deine lichtvollen Aufgaben, sei klar und im Bewusstsein der Neuen Zeit. Wir flüstern dir zu, hoher Würdenträger: Es entstand in dir ganz sanft ein Goldenes Jerusalem, also entstand das Goldene Jerusalem auch im Außen, weil viele Menschen erwacht sind. So glimmt das Feuer der Umwandlung und des Erwachens nun in einer breiten Masse von Menschen. Wir hüllen dich ein mit höchster Energie und flüstern dir zu: Indigo, Kristall, Regenbogen und VOLLKOMMENHEIT. Sei in Liebe verbunden mit deinem Ursprung und gleichzeitig angekommen in deinem neuen Leben.

Das neue Sein bringt alles zu Fall, was nicht den höchsten Frequenzen standhalten kann. So gehen alte Strukturen manchmal in einer Art Explosion, es ist wie ein Vulkanausbruch. Erst einmal scheint es, als würde alles verbrennen, doch hier entsteht fruchtbare Erde und lichtvolles SEIN!

Die Neue Zeit und ihre Wunder

Die Verbindung mit alten Welten – die Wunder, die daraus entstehen

Wir flüstern euch zu: Freunde von bewohnten Planeten kommen zurück, sie sind längst unter euch und haben Geschenke mitgebracht. Wir flüstern euch die Worte: Schmetterling, Sonnenblume, Kornkreis, Hibiskus, Rose, Tiere, die bunte Farben tragen und nicht scheu sind. Es sind Geschenke der zivilisierten befreundeten Planeten.

Viele von euch Lichtarbeitern tragen dieses Wissen in sich. Ihr interessiertet euch schon als Kinder für diese Dinge. Ihr habt Bücher von diesen Leben auf anderen Planeten gelesen. Ihr seid die Kinder dieser Planeten, zwar seid ihr auf Mutter Gaia inkarniert, doch vorher hattet ihr ein Leben auf zum Beispiel Alpha Centauri, Sirius, Mars, Andromeda, Arkturus, oder ihr seid durch einen Walk-In von einem dieser Planeten gekommen, in dem ein Seelentausch stattgefunden hat.

Ja, so ist es, das erklärt auch eure Begeisterung für die Technik und die Abneigung gegen alte strenge Regeln.

Ihr Erdenkinder habt eine niedrige Körpertemperatur, ertragt keine Hitze, kein Feuer. Ihr fühlt euch einsam und eurer Erdenfamilie nicht zugehörig. Schon im Kindesalter habt ihr Fragen über den Globus gestellt. Viele von euch Sternenkindern sind die schwarzen Schafe der Familie. Ihr fühlt euch zur Metaphysik hingezogen und sucht Antworten, warum ihr so anders seid und scheinbar nicht auf die Erde passt. Ihr fühlt große Sehnsucht beim Betrachten des Sternenbilds am Himmel, Sehnsucht nach der Heimat. Ihr habt ein gespanntes Verhältnis zum Elternteil des anderen Geschlechts. Kinder der Sternensaat sehen dem irdischen Vater ähnlich, um sicherzugehen, dass dieses Elternteil das Kind bei der Geburt akzeptiert. Der wahre Ursprungsvater allerdings ist selbst Sternengeborener und lebt noch immer auf einem dieser Planeten. Ihr Sternengeborene hütet ein kristallines Gen in euch, das euch mit der Fähigkeit ausstattet, mühelos zu channeln. Durch dieses Gen habt ihr Zutritt zu anderen Wesenheiten in anderen Dimensionen und besitzt die Fähigkeit, eure DNS umzukodieren.

Wir wissen, wie es euch geht, wir kennen euren Ursprung. Einige von euch fühlen mächtige Energieschauer, sind gerührt und haben das Gefühl, angekommen zu sein. Ja, du bist es, ja, dich meinen wir. Du bist ein hochgeachtetes Mitglied der Sternensaat, gekommen, um dabei zu sein, wenn sich Mutter Erde erhebt, und hier, um die Welten zu vereinen. Du darfst dich an deinen Ursprung erinnern, auch hier vereinigen sich die Völker mit den Planeten. Sei gesegnet, du Kind der Sterne, sei willkommen im Hier und Jetzt, angekommen im Goldenen Jerusalem, das sich nun mit der Galaxie verbindet. Avatar der Sterne, wir danken dir und flüstern dir das Wort NIBIRU zu – ALLE ZEIT IST JETZT. Der Code für deine Seele, erinnere dich: NIBIRU – ALLE ZEIT IST JETZT!

ALLE ZEIT IST JETZT – Es vereinigen sich die Welten

Und wir nehmen euch wieder an die Hand und führen euch in die Zeit der Vollkommenheit.

Ihr fragt euch, wie es möglich ist, dass sich die Wesen der zivilisierten Planeten mit dem Leben auf der Erde vermischen. Es gibt Menschen, die genau das in ihren Seelenplan stehen haben, nämlich dass sie mit einem Mitglied der Sternensaat eine Partnerschaft eingehen. Noch etwas Wichtiges: Nennt sie nicht Außerirdische, es sind Menschen wie ihr. Der Begriff gehört in die alte Zeit.

Es sind Menschen wie ihr, ja, wunderschöne Wesen mit Idealmaßen und oft mit ebenmäßigen Gesichtszügen. Mit Charaktereigenschaften, die sogar als edel zu bezeichnen sind. Diese Wesen haben längst gelernt, sich zu verjüngen und den Körper im Idealmaß zu halten.

Es meldet sich zu Wort Juliano von Arkturus.

»Ich, Juliano, grüße euch. Es ist mir eine Freude, euch Folgendes zu berichten: Wir Arkturianer brauchen die Nahrungsaufnahme nicht, unsere Quelle ist das Licht.

Wir essen um des Rituals willen, denn wir essen nie allein, und ernähren uns vegetarisch – von Früchten, Pflanzen und Gräsern – und huldigen dabei der Natur.

Wir erfreuen uns der Sinneswahrnehmung bei der Aufnahme unterschiedlicher Nahrung. Wir essen nur wenig, Nahrungsaufnahme ist bei uns die Freude an der Entspannung und das Ritual der Kommunikation mit den Bewohnern. Wir Arkturianer studieren die Menschen in dieser Übergangsphase und ich möchte euch sagen, dass ihr sehr liebenswerte Wesen seid.

Noch eine Anmerkung: Uns ist aufgefallen, dass viele von euch etwas von der Geistigen Welt erbitten. Wenn es euch gewährt wird, kann die Geistige Welt es euch nur anbieten, nehmen müsst ihr es schon selbst. Das ist Gesetz. Manchmal bitten die hohen Räte des Lichts euch sogar, eure Geschenke auch anzunehmen. Eine weitere Gesetzmäßigkeit eures Planeten ist der Ausgleich zwischen Geben und Nehmen. Hier möchte ich sagen, dass die Menschen, die sich über die Gesetzmäßigkeit so sehr aufregen, diejenigen waren, die in früheren Inkarnationen dafür gesorgt haben, dass dieser Ausgleich zwischen Geben und Nehmen überhaupt entstanden ist. Nun, hier müsst ihr bestimmt auch schmunzeln.

Bitte achtet die weltlichen Mentoren, indem ihr ihnen einen Energieausgleich zukommen lasst, sonst können diese Menschen nicht wirken. Dieser Ausgleich zwischen Geben und Nehmen ist sehr wichtig.

Wenn ihr nicht gebt, dann entzieht ihr dem Menschen, der für euch wirkt, die Lust am Leben, die Energie. Letztendlich strahlt dies auch auf euch ab. Wer nicht gibt, dem wird nicht gegeben, und auch dieser Mensch wird kraft-

los und ihm fehlt die Anerkennung, die Energie. Der Mangel an Anerkennung obliegt dem alten Erdensystem. Wolltet ihr nicht in die Neue Zeit gehen?

Manche Menschen sind der Meinung, sie dürften für Heilung nichts verlangen. Hier eine Anmerkung von uns: Wie lange, glaubt ihr, könnt ihr ohne Ausgleich in der Absicht der Liebe bleiben, wenn ihr euch durch harte Arbeit zusätzlich absichern müsst? Wir finden euch Menschen höchst interessant und lieben eure Gefühlswelt. Darum denkt bitte mit dem Herz, nicht mit dem Verstand! Wir helfen euch auf dem Weg des SELBST-BEWUSSTSEINS!

Ich danke euch und verabschiede mich,

Juliano von Arkturus.«

Das goldene Ägypten

Die Urzeit der Vollkommenheit begann unmittelbar nach der Sintflut.

Im Goldenen Zeitalter lebten die Menschen in einer göttlichen Harmonie. Sie lebten mit den Göttern in Einklang, ehrten ihre Götter der vier Elemente Wasser, Luft, Sonne und Erde.

In dieser Zeit gab es keine Finsternis, denn die Menschen lebten im Einklang mit RE, ihrem höchsten Sonnengott. Sie erfreuten sich an der Gegenwart des höchsten Gottes, denn es gab keinen Tod und keine Unterwelt, keine Finsternis und keine Krankheiten, und es gab keine Zeit.

Das goldene Ägypten neigte sich dem Ende zu, denn die Menschen begannen an RE, ihrem Sonnengott, zu zweifeln, sie griffen ihn sogar an. Da zog sich RE immer mehr zurück, und es entstand die Finsternis. Alle Götter zogen sich zurück in den Himmel. So kamen die Dunkelheit, das Altern und der Tod. Alles auf Erden war plötzlich dem Alterungsprozess und der Zeit unterworfen.

Es gab Kriege und Gewalt, und der Hass zog ein in das goldene Ägypten. Die Menschen verloren ihre »göttliche« Unschuld. In das Reich der Götter konnten sie erst wieder kommen, wenn sie gestorben und vorher ein »reines« Leben geführt hatten.

Das goldene Ägypten kommt wieder, es entsteht bereits in euch, achtet auf die Zeichen der Natur. Es gibt neue Tiere auf Erden, zum Beispiel eine Vogelart, die aussieht wie Kolibris: bunt, klein und unglaublich flink. Viele von euch haben die Zeichen der Natur erkannt, zum Beispiel neue Schmetterlinge oder neue Sternenbilder am Himmel.

So, wie die Nacht anfängt, nicht mehr so dunkel zu sein, wird auch die Welt aufhören, zu altern. Dafür ist es nötig, die Zeit zu transformieren. Also lasst das alte Zeitgefüge los. Dann müsst ihr auch nicht mehr auf Herzenswünsche warten, und ihr werdet nicht mehr altern. Ja, die Finsternis wird gehen, weil die Erde sich erhebt und ihr auf dem Weg seid. Ihr geht in eine vollkommen neue Zeit, die so noch nie da war und von euch erschaffen wird.

Wie man das alte Zeitgefüge loslässt? Indem nicht mehr das eilige Tempo das Leben bestimmt, sondern das Herz, die Menschlichkeit.

Es meldet sich zu Wort der Aufgestiegene Meister El Morya:

»Ich bin El Morya, und ihr spürt nun meine Energie. Ich helfe euch dabei, Vertrauen zu euch selbst und euren Fähigkeiten zu erwecken, Ängste zu überwinden und das Urvertrauen zu finden.

Meine Nachricht an euch ist: Avatare der Erde, richtet den Blick nach vorne.

Habt Mut für alles Neue und geht mit Zuversicht und Positivität in die Zukunft. Denn jede Erhöhung bedeutet auch, neue Wege zu entdecken. So kann die Neue Zeit entstehen. Lemurien, Atlantis, das goldene Ägypten, die Vollkommenheit werden zu neuem Leben erweckt.

Es verabschiedet und grüßt euch El Morya, Teil euer Heimat im Geist und im Leben.«

Es meldet sich zu Wort Maria:

»Seid gesegnet von Maria, ich bin die Mutter Gottes, die Mutter aller Mütter. Ich möchte euch Wichtiges mitteilen: Bitte achtet eure Gegenüber, geht in die Liebe zum Nächsten. So werdet ihr das ernten, nach dem ihr euch so sehr sehnt: die bedingungslose Liebe.

Eure Welten verändern sich im Kleinen wie im Großen, der Himmel auf Erden kehrt zurück. Die Veränderungen haben längst begonnen, und es ist mir eine Freude, euch mitzuteilen, dass die Welten verschmelzen und für jeden sichtbar werden: Lemurien, Atlantis, das goldene Ägypten, Feenreiche, Elfenreiche, das Reich der Naturgeister und die Sternenfamilie. Freut euch, die Wasser heilen wieder, die Luft ist wieder rein, Lady Gaia erholt sich und kann aufsteigen. Das Licht kehrt zurück. Wir sprachen davon, dass die Geistige Welt mit euch ist.

Hoher Würdenträger, Engel, Avatar der Erde. Erinnere dich, du bist auch aus diesem Grund inkarniert. Darum spürst du beim Lesen dieser Texte die Wahrhaftigkeit und die Erleichterung im Herzen. Sei gesegnet und eingehüllt in die Christusenergie. Maria, Mutter Gottes.«

Lemurien entsteht wieder neu

Diese Welt ist in euch, weil jeder, der diese Zeilen liest, in Lemurien inkarniert war, viele sogar in beiden Zeitepochen, Lemurien und Atlantis. Das heißt, eure Heimat kehrt zurück, sie ist Teil der Goldenen Stadt, ein Teil von euch. Sie kehrt zurück, weil ihr in die Erinnerung geht. Es war euch wichtig, denn ihr wolltet die Kostbarkeiten aus diesen Inkarnationen mitnehmen ins Goldene Zeitalter.

Die Bewohner von Lemurien waren hoch entwickelt und voll bewusst. Sie waren sehr verbunden mit den Sirianern. Diese paarten sich sogar mit den Erdenbewohnern, und darum gelten sie immer noch als Nachfahren der Galaktischen Föderation des Lichts.

Die Lemurianer lachten gerne und hatten eine natürliche Anbindung zu ihrer Natur. Sie hatten die Fähigkeit, über Hunderte von Jahren in ihrem Körper zu bleiben und sich telepathisch zu verständigen. Sie schauten dem Gegenüber bei Gesprächen lange in die Augen und erkannten so, was wirklich ist. In eurer Inkarnation in Lemurien hattet ihr eine wahre Liebe, und das bis zu eurem Lebensende. Kinder waren euch sehr wichtig, sie waren eure Schätze, und ihr habt sie gehütet und viel mit ihnen gespielt.

Genauso habt ihr die Natur, die Erde und das Wasser geachtet. Ihr liebtet die Delfine, sie waren euch heilig. Am Meer konntet ihr euch auch innerlich reinigen, diese Rituale waren für euch sehr wichtig. Ständig wart ihr in Kontakt und eins mit der Natur und mit eurem Inneren Kind.

Ihr wart verbunden mit den Feen, Elfen, Deven, Göttern, Naturgeistern und eurer Sternenfamilie, weil ihr die Fähigkeit hattet, mit ihnen Verbindung aufzubauen. Die Sinne waren sehr wichtig, und ihr konntet euch an dem erfreuen, was ihr aßt, und diese Freude wurde immer geteilt. So, wie ihr euch jetzt an Schmetterlingen und der Farbe des Himmels erfreut. Ihr hattet wunderschöne Kristalle und geheime Kristallstädte. Nie hat man euch in dieser Zeit das Träumen verboten, nie! Die Visionen und Träume verbanden euch mit den Kristallwelten, und sie waren gut für die Verbindung zum Herzen. Versteht ihr jetzt? Wir wissen, wie es euch geht, wir wissen, wie sehr ihr euch sehnt. Wir wissen, wer diese Zeilen liest. Diese Schriften sind individuell für dich energetisiert.

All das kehrt zurück, es schlummert in euch, ihr seid die ehemaligen Bewohner Lemuriens und Atlantis. In diesen Worten steckt ein geheimer Code, diese Schriften enthalten versteckte Weihen und Segnungen. Darum wiederholen wir manches so oft. Und wir flüstern dir zu: Kind aus Lemurien, erinnere dich, es öffnet sich ein Tor. Avatar der Erde, wie weit bist du gereist, wie oft inkarniert, um dabei zu sein, wenn sich die Erde erhebt und sich damit die goldenen Welten im Jetzt einen. Wir flüstern dir zu: Das Tor ist offen, vereint die Welten! Es ist mächtiges erreicht, wir danken dir, du bist angekommen am Ziel, dein Weg ist nie zu Ende. Hohe Würdenträger kommen zurück. Herzlich willkommen in der Neuen Zeit, die sich mit dem Jetzt verbindet.

Es meldet sich zu Wort Maha Chohan:

»Herzlich willkommen in meiner Energie. Ich bin Aufgestiegener Meister und Wächter Lemuriens.

Mein letztes Leben war in Atlantis.

Ich bin eng verbunden mit Lady Gaia, und meine Aufgabe ist es, euch wieder mit den lemurischen Energien zu verbinden

Verbindet euch mit den Meisterfrequenzen, sodass die hohen Würdenträger ihre wahren Werte erkennen.

Durch die Einstrahlung meiner Frequenzen finden die damaligen Freunde wieder zusammen.

Ich sende euch meine Meister- und Engelenergie, damit das tief verschüttete Wissen in eurer Seele wieder freigesetzt wird und ihr zu eurer wahren Größe findet, um sie in die heutige Zeit zu integrieren, damit ihr in eurer Mitte ankommen könnt.

Es ist wichtig, dass sich diese Epochen mit euch verbinden, weil dies eine unglaubliche Kraft und Weisheit schenkt.

Ich weiß, wer du bist, ich kenne dich, liebe Erdenseele, aus früheren Inkarnationen. Es ist kein Zufall, dass du hier gelandet bist.

Du bist und warst nie allein, es sind in jeder Epoche auch wieder damalige Freunde, Familie inkarniert.

Ja, so ist es, und so war es immer. Du bist gekommen mit deinem strahlenden Seelenlicht.

Mit meiner Hilfe verankert sich deine lemurische Vergangenheit wieder in dir.

Das bedeutet für dich auch die Auseinandersetzung mit alten Ängsten und Dramen, denn auch du wurdest für dein Sein in vergangenen Epochen oft verfolgt.

Diese Auflösung alter Ängste und Traumen steht in deinem Lebensplan, von dir selbst verankert.

Darum berichtet Maha Chohan davon.

Da der Ursprung des Reiki identisch mit dem Ursprung der Menschen auf Erden ist, führt Reiki die Menschen bis dorthin zurück, um sie an ihren Auftrag und ihre Heimat zu erinnern.

Es ist geradezu so, dass die Reiki-Symbole es sind, die nicht in der Dualität verschwunden, sondern innerlich immer noch aktiv sind.

So sind es diese Symbole, die deine Seele unbewusst erkennt und die dich mit deiner Vergangenheit und der geistigen Heimat verbinden.

Darum habt ihr Menschen intuitiv so große Sehnsucht nach Einweihungen und Symbolen.

Die Einweihungen in Reiki sind immer noch wichtig, weil sie zum sicheren Erwachen führen, das in Etappen geschieht.

Es dankt und grüßt Maha Chohan.«

Wir tauchen ein in Atlantis

Atlantis war die nächste Epoche, und als sich Lemurien zurückzog, entstand eine neue Zeitepoche. Jedoch war diese von Luzifer überschattet, der im Ego der Menschen sehr stark war. Die Wesen taten sich schwer damit, sich an ihre eigene Göttlichkeit zu erinnern, der Nebel der Dualität war zu dicht. Was in Lemurien noch golden und EINS war, in Atlantis war es getrennt, denn die Göttlichkeit spaltete sich ab. Durch Luzifer haben sich diese zwei Welten getrennt.

Viele Seelen inkarnierten in Atlantis, um das Licht zu vertreten und damit die dichte Seinsebene umgewandelt werden konnte. Der Dualitätsnebel war damals wesentlich dichter als heute. Ihr konntet euch nicht einmal daran erinnern, dass es einen geistigen Ursprung gibt, dem alles entstammt.

Es war die Zeit der großen Umbrüche. Ihr wart extra ausgebildet, denn Gott hat die höchsten Würdenträger nach Atlantis geschickt. Ihr wusstet um die Gefahr, dass Gott wieder einatmen könnte, um dieses Auseinanderklaffen zwischen Dualität und Wirklichkeit zu beenden.

Viele von euch wirkten lichtvoll, ohne sich daran zu erinnern, dass es Gott gibt. Ihr habt die Pyramiden gebaut, hohe unzerstörbare Gebäude, sowie die Arche Noah, die sehr viele Menschen, vor der Sintflut gerettet hat. Die hohen Räte des Lichts hatten beschlossen, die Erde zu reinigen, und es gab nur diese Möglichkeit, denn viele Menschen wollten dem Licht keinen Glauben schenken. Nur so konnte Lady Gaia die Energie Luzifers transformieren.

Und Gott wollte einatmen, doch er wurde von hohen Engeln gebeten, es nicht zu tun. Die Wesen, die vorher von der Göttlichkeit nach Hause in den Ursprung gerufen wurden, erklärten sich bereit, wieder zu inkarnieren, und so wurdet ihr geschult und vorbereitet. Doch ihr musstet erst in den Nebel versinken, jeder von euch musste in die Vergessenheit. Nur so war das Erwachen möglich.

So wurde auch Jesus wiedergeboren, der alle Energien in sich trug, um die Erde zu erlösen und wieder an den göttlichen Kern anzubinden. Aber auch Jesus musste erst in die Dualität versinken, konnte sich jedoch sehr früh an seine Göttlichkeit und an seinen Auftrag erinnern. Er erwachte, und ihr mit ihm, wodurch sich die Energien zum Guten wandten. Die Geschichten um Jesus kennt ihr.

Jeder, der diese Zeilen liest, war bei dem Wechsel der Zeiten dabei. Vielfach wiedergeboren und geschult, um letztlich dabei zu sein, wenn sich Lady Gaia erhebt, das war euer Wunsch. Hohe Würdenträger, Avatare der Erde, Engel der Geistigen Welt, nun versteht ihr, warum wir es immer wiederholen. Weil es der Wahrheit entspricht. Wir wissen, wer dies liest, wir erkennen jeden von euch am Seelenstrahl. Wir wissen von allen Inkarnationen und dass die Ziele sichtbar sind. Freundin und Freund, sei bestrahlt mit höchster Energie und freue dich auf die Vollkommenheit. Wir danken dir und flüstern dir zu: »Dein Wille und mein Wille sind EINS!«

Es meldet sich zu Wort Gott Vater:

»Ich bin es, den ihr Gott nennt. Jede Sprache hat ein eigenes Wort für mich, es gibt viele Namen, doch sie alle bedeuten EINS. Hohe Lichter der Erde, ich grüße euch. Ich kenne jeden Einzelnen von euch.

Ich weiß deine Geschichte und kenne deine Inkarnationen und Ängste, die verbunden sind mit früheren Leben. Du hast so vieles aufgelöst, und damals in Atlantis hast du mich angefleht, du wolltest wieder zurück, um lichtvoll zu wirken. Um den Ursprung, das Licht, mit dem JETZT zu verbinden.

Als du Kind warst, hast du mich regelmäßig besucht. Ich erzählte dir deine Lieblingsgeschichte, die der Elfen, Feen und von Leben auf befreundeten Planeten.

Du bist eingetaucht in diese geheimnisvollen Welten, mit den Delfinen geschwommen und hast dich mit ihnen unterhalten.

Oft hörte ich dich lachen, oh, wie liebe ich es, wenn die Menschen lachen, und ich finde, ihr tut es zu selten. Damals wart ihr die Fröhlichkeit selbst.

Ihr lebtet einfach in den Tag hinein, völlig frei und in Verbundenheit mit den vier Elementen. Gab es Sturm, habt ihr dies schon Tage vorher gespürt. Eure Sinne waren und sind wunderbar.

Die Wunder schlummern in euch, die Leichtigkeit des SEINS kommt wieder, und ihr seid euch SELBST-BEWUSST.

Ihr werdet wieder mit Delfinen reden, mit den Engeln der Meere. Ihr werdet wieder wie die Kinder sein, unbefangen und voller Ideen. Tretet ein in die Vollkommenheit.

Habt keine Angst mehr vor der Dunkelheit, denn es wird keine mehr geben.

Wisst ihr, warum Kinder im Dunkeln Angst haben? Weil sie es nicht gewöhnt sind. Ihre geistige Heimat, mit der sie immer noch verbunden sind, kennt keine Finsternis.

Besuche mich wieder einmal, ich freue mich auf dich, mein Kind. Sei gesegnet.

In Liebe, Gott Vater.«

Die Zeit der Rosen in Avalon

Die Zeit der Rosen, die Schwesternschaft von Lady Nada, die ebenfalls die Insel des Regenbogens besuchte. Die Zeit der Rosen ist jetzt, weil die geheimnisvollen goldenen Welten zusammenwachsen.

Wir nehmen euch an die Hand und führen euch ein in verborgene Welten, die da heißen Lemurien, Atlantis, goldenes Ägypten und Avalon.

Avalon war eine Zeit vor Christus, sie wird die Insel im Nebel genannt. Dies gilt jedoch nur für die, die Avalon von außen betrachten, im Inneren ist Avalon die Sonne, in der Geistigen Welt, auch das Regenbogenland genannt. Avalon kehrt mit dir zurück, es ist in dir und lebt weiter. Es erwacht mit dir und wird wieder erstrahlen.

Das Geheimnis um den Heiligen Gral, um König Artus, Merlin, Feen, Heilerinnen Priesterinnen und viele andere. Dies ist auch die Geschichte von Avalon, in allem ist ein Stück Wahrheit.

Die versunkene Stadt im Nebel war nie weg, sie lebte all die Jahrzehnte weiter. Es ist euch wieder möglich, diese Rosenstadt zu besuchen, indem ihr in der höchsten Schwingung seid. Diese geheimnisvolle Insel von außen durch Nebel geschützt, und nicht jeder hat die Befugnis, einzutreten. Nur die Menschen mit einem reinen Herzen haben den Schlüssel zu Avalon in sich, um dort zu verweilen und sich in die Heilung zu begeben. Einzutauchen in Energien, die waren und SIND. Sich zu verbinden mit einstigen Mythen. Geschichten, die wieder erwachen und lebendig werden durch euch, die einstigen Bewohner von Avalon.

Dieses Verbinden der verschiedenen Epochen ist sehr wichtig, denn nur so kann EINHEIT entstehen, die Freisetzung von alten strahlenden Energien, die sich mit der Schwingung der Menschen vermischen, die einst auf Avalon gelebt oder diese Insel im Nebel besucht haben, um sich ausbilden zu lassen und dann nach Vollendung dieses gesammelte Wissen in Fürsten- oder Königshäuser zu tragen, zum Beispiel durch Heirat. Damit das Wissen aus der Insel des Regenbogens hineingetragen wurde in die Macht der Krone und des Adels.

Das Vereinen der verschiedenen Welten ist für euch von großer Bedeutung, denn jeder, der dies liest, hat genau das in seinem Lebensplan stehen. Dabei helfen wir, indem wir, die Geistige Welt, euch über die Schriften an eure vergangenen Leben erinnern. Ihr werdet auch an die Fähigkeiten erinnert, die ihr einst hattet, und diese blühen auf und verbinden sich mit dem Jetzt!

Wir wissen, wer diese Zeilen liest, wir erkennen jeden Einzelnen von euch an seinem Strahl. Die Farbe des Seelenstrahls, die ihr schon damals in Lemurien in eurer ersten Zeit auf Mutter Gaia hattet.

Versteht ihr es jetzt? Es war euer Wunsch, dass diese goldenen Epochen nicht verschwinden, sondern mit euch wieder auf- und weiterleben. Darum führen wir euch über diese Zeilen sanft zurück in euren Ursprung, der sich mit der Gegenwart, dem Jetzt, vereint.

Der Weg ist das Ziel

Der Weg war lang, oft beschwerlich, und ihr fragt euch, wo ihr die Kraft hergenommen habt für so viele Leben. Wir sagen euch: Diese liegt im Ursprung. Jedes Mal, wenn ihr vor Müdigkeit gestrauchelt seid, haben wir euch wieder aufgeholfen. Wir waren und sind bei jedem eurer Schritte dabei. Manchmal hat sogar der geistige Mentor die Luft angehalten, wenn ihr Schritte unternommen habt, die euch beschleunigt ans Ziel brachten. Wenn ihr diese Schritte so schnell gegangen seid, dass ein Sturz fast unausweichlich war. Ungeduld, die verständlich ist. So viele Leben habt für das Licht gewirkt, und nun, in der Mahatma-Energie sagt euch euer Unterbewusstsein: Ich bin fast am Ziel.

Wir wiederholen noch einmal, dass bei jedem, der dieses liest, diese Schriften im Inkarnationsvertrag stehen. Es ist kein Zufall, dass ihr zu diesen Büchern geführt wurdet. Zufälle gibt es nicht! Jeder Mensch hat sich die Mittel und die Menschen, mit deren Hilfe er seinen Seelenaufstieg bewältigen will, ausgesucht.

Die vergangenen, verloren geglaubten Welten mögen sich mit dem SEIN verbinden.

Es meldet sich zu Wort König Artus:

»Ich bin und war Großkönig von Britannien, Ritter der Tafelrunde, mein Schwert nannte man Excalibur, mein Vertrauter war Zauberer Merlin.

Nach meiner schweren Verletzung reiste ich nach Avalon in Begleitung einer lieben Fee. Seitdem ist mein Name unsterblich wie ich.

Seitdem lebe ich auf der Insel im Nebel, und es ist mir eine Ehre, euch, die einstigen Bewohner der Insel des Rosenduftes, die Barke rufen zu dürfen.

Nun tretet ein in diese Energie, dieses Geschenk aus eurem Ursprung.

Die Energie von Avalon fließe nun durch dich und erhebe dich. Sanft rieselt die einstige Energie durch dich, wo sich der Schlüssel in deinem Herzen befindet.

Es verbeugt sich und grüßt dich, König Artus.«

Die Zeit der Umwandlung

Jedem äußerem Wandel geht ein innerer voraus.

Ihr befindet euch immer noch in der Phase des Umbruchs. Dies geschieht im Kleinen und wirkt so nach außen.

Es ist wichtig, dass ihr wisst, warum diese Schriften entstanden sind und warum die Geistige Welt den Menschen gerne hilft, höher zu schwingen. Dies hat mit der Blaupause des Lebens zu tun, denn wie ihr wisst, hat jeder Mensch das Erreichen der höchsten Energie im Seelenplan verankert.

Wieso habt ihr das getan? Was wusstet ihr vor dieser Inkarnation, dass sie euch so wichtig erschien? Erinnert euch, was ihr vor der Geburt wusstet. Wir stupsen euch immer an, denn dieses Erinnern ist sehr wichtig und nur möglich, wenn ihr euch in der höchsten Schwingung befindet. Hier setzt dann auch die Umwandlung ein: Erst wandelt sich euer Leben zum Positiven, und dann verändern sich die alten Strukturen der Erde zu neuen lichtvollen Mustern.

Was passiert, wenn ihr niedrig schwingt? Nun, dadurch wird euer Leben beschwerlich. Stellt euch vor, ihr schwimmt in einem Fluss, der träge fließt, und um nicht unterzugehen, müsst ihr strampeln, wodurch ihr aber müde werdet. Das Wasser ist durch seine geringe Fließkraft nicht in der Lage, euch oben zu halten, also müsst ihr selbst dafür sorgen. Außerdem fällt euch beim Schwimmen auf, dass ihr müde werdet und das Wasser nicht so sauber ist, dass ihr euren Durst löschen könnt. Die Menschen, denen ihr im Fluss begegnet, sind genauso müde und zermürbt wie ihr, sie können euch weder Energie noch Nahrung geben, weil sie selbst beides nicht haben.

In der Mahatma-Energie aber ist der Fluss golden, er trägt euch leicht und ist rein, sodass ihr davon trinken könnt. Alles, was ihr braucht, schwimmt auf euch zu, und ihr braucht nicht zu strampeln. Wozu auch? Die Bewegungen des Wassers sind so gut, dass es euch trägt.

Die Menschen, denen ihr begegnet, sind fröhlich, gesund und in der Fülle. Dieser goldene Fluss, damit meinen wir das Goldene Jerusalem, trägt euch dorthin, wo euer individuelles Ziel ist.

So ist es nicht vonnöten, nach der Zeit zu fragen. Warum auch, die Zeit seid ihr. Versucht ihr, schneller voranzukommen, wenden sich die Wellen des Wassers gegen euch. Ihr schwimmt plötzlich gegen den Strom. Lasst euch besser treiben, dann kommen Mentoren und Freunde auf euch zu, mit denen ihr im Austausch seid und wirken könnt. Wir wiederholen einige wichtige Passagen mit Bedacht und flüstern dir zu: Goldene Energie hüllt dich ein, liebe Erdenseele, erinnere dich, sei erwacht und voll bewusst.

Oh, es ist uns eine Ehre, dich durch diese Zeilen begleiten zu dürfen. Du spürst die Energie beim Lesen individuell. Es ist davon abhängig, wie du dich fühlst, wie hoch du schwingst. So, wie sich Wasser der gleichen Temperatur für dich nicht jeden Tag gleich anfühlt.

Dualseelen und der Umbruch

Wir nehmen euch wieder an die Hand und führen euch durch diese Zeit des Umbruchs. Viele Menschen sind der Liebe müde. Gerade bei Dualseelen, kommt es oft zu heftigen Gewittern oder Verzögerungen. Es wurde in den vorhergehenden Bänden viel über Dualseelen geschrieben.

Doch ein Detail wird erst jetzt von uns, der Geistigen Welt, preisgegeben, denn wir haben gesehen, wie sehr ihr leidet. Zum Beispiel, weil der Seelenpartner die Worte der Liebe nicht aussprechen will, sondern von Freundschaft spricht.

Oder dass sich euer Seelenpartner immer noch in einer Bindung befindet und es ihm sehr schwerfällt, alte Lebensmuster gehen zu lassen. Ängste, alte Muster auflösen, sind große Themen bei Seelenpartnern, viele von euch haben gleich mehrere davon. Im Band 1 wurden diese genau beschrieben und auch, wie sie aufzulösen sind.

Zum Beispiel die Verlustangst: Diese Menschen treffen häufig auf Partner, die Angst vor der Liebe haben. Die Lösung liegt, wie ihr wisst, im Erkennen, Anschauen und Loslassen, sodass dies von der Geistigen Welt transformiert werden kann.

Natürlich solltet ihr nach dem Erkennen diese Urangst auch loslassen, wir haben gesehen, dass genau dies den Liebenden sehr schwerfällt. Bitte lasst diese Angst los, sonst dreht sich alles im Kreis, und es kann nicht eintreffen, was ihr so sehnlich erwartet. Wir helfen euch dabei.

Wir flüstern dir zu: Erinnere dich deiner wahren Größe, daran, was du als kostbares Wissen in dir trägst. Warum fällt es dir so schwer, deine Ängste, alte Muster und Traumen aus diesem und vergangenen Leben loszulassen? Wir flüstern dir zu: Schau in den Spiegel, in deine Augen. Ja, in deine Augen.

Du entdeckst, was du bist und warst. Avatar der Erde, Aufgestiegener Meister, Engel, wir umarmen dich mit hohen Energien. Du darfst nun deine Ängste loslassen. Du konntest es nicht, weil du unbewusst ahntest, dass sie womöglich die einzige Verbindung zu deinen früheren Leben sind.

Dein Festhalten an den alten und neuen Ängsten war unbewusst, denn die Traumen fühlten sich real an. Du ahntest: »So bin ich intuitiv verbunden mit dem Sicherheitssystem meines Seelenvertrages.« Dieses Warnsystem fühlt sich im Leben an wie ein Seil, das es gilt, festzuhalten. Darum haben viele Menschen Probleme, loszulassen, weil sie fürchten, sonst ins Bodenlose zu fallen.

Denn deine aufzulösenden Ängste und Traumen sind nicht nach der Geburt im Nebel der Dualität verschwunden, wie vieles Andere. Nein, sie waren und sind real und für euch unbewusst die Verbindung zur geistigen Heimat. Darum fiel euch das Loslassen so schwer.

Eine wichtige Vereinbarung, die du vor deiner Inkarnation getroffen hast, eine Art Sicherheitssystem. Wie kann man sonst Erkenntnisse sammeln? Du wusstest, man kann nur auflösen, was spür- und sichtbar ist.

Versteht ihr jetzt, versteht ihr? So gut habt ihr euch abgesichert und bei wichtigen Punkten, zum Beispiel, wenn es um Lernaufgaben geht, festgelegt, dass diese nicht im Vergessen verschwinden, sondern spürbar und sichtbar bleiben. Dies war eine Absprache vor euer Geburt, im Einklang mit eurem Seelenpartner.

Die Liebe loslassen, wie geht das?

Es meldet sich zu Wort Maris:

»Ich, Maris, bin euer Freund und Begleiter. Ich führe euch in die neue Dimension, in die Erfüllung des SEINS und grüße euch mit den Worten: OMAR TA SATT! Uns Arkturianern ist aufgefallen, dass ihr Schwierigkeiten habt, die Liebe bedingungslos zu leben, damit dieselbige euch nicht immer wieder zurückstoßen muss. Damit die Liebe atmen kann und nicht erstickt.

Ihr fragt euch: ›Warum soll ich die Liebe loslassen? Ich will doch nur ihn (sie) und dass es bald geschieht. Er/sie ist doch meine Dualseele, also muss er/sie mir gehören, und das bald. Will, will, will, und es geht mir schlecht, weil es nicht erfüllend ist. Es ist mir zu wenig, was ich mit ihm/ihr habe, ich will mehr, ich will nicht mehr zurückgestoßen und verletzt werden.‹

Warum begebt ihr euch in diese Abhängigkeit? Es sieht so aus, als würdet ihr eure Hände fest zu Fäusten ballen und fordern, dass die Liebe euch doch endlich die Hände reicht. Wie denn, eure Hand ist doch zu? Wie soll der Seelenpartner da nicht zurückweichen? Er geht von euch weg, denn Fäuste sind wenig anziehend, und er sagt euch unbewusst mit seinem Verhalten: ›Öffne dich, lass mich frei. Ich liebe dich, doch ich will dich auch ein wenig bewerben.‹

Mal zieht ihr euch magisch an, und im schönsten Moment wendet sich der Seelenpartner ab. Dieses Hin und Her kann sehr anstrengend sein, wenn ihr händeringend wartet, bis er (sie) sich wieder meldet.

Nun, hier müsst ihr bestimmt auch schmunzeln.

Kurz gesagt: Es scheitert an der Umsetzung. ›Warum soll ich denn meine Dualseele frei lassen? Dann verliere ich ihn doch.‹ Nein, ihr verliert nur, was zu sehr eingeengt, was festgehalten wird.

Es steht in euren Seelenschriften:

LIEBE WILL FREI SEIN, LIEBE ERWARTET, URTEILT, WERTET UND FORDERT NICHT! DIE PARTNERSCHAFT WILL IN DER LEICHTIGKEIT UND BEDINGUNGSLOS GELEBT WERDEN!

Du wusstet damals, dass dies ein Grundsatz ist, um in einer Partnerschaft auf Dauer glücklich zu sein. Darum wurde es von dir selbst in deinem Seelenpakt verankert. Wenn du dich aber gegen deinen eigenen Seelenplan wendest, schlagen die Sicherheitsnetze Alarm, und es geht dir schlecht. In deinem Umfeld entstehen unangenehme Spiegelungen.

Ihr sehnt euch nach einem bestimmten Menschen und erwartet sehnsüchtig, dass er sich meldet, dass eine feste Bindung entsteht. Bei diesem Wort schon allein schauert es mich. Wir von Arkturus sind treu, doch wir vermeiden Einengungen.

Wir Arkturianer wissen, wie es euch geht, wir spüren eure Ungeduld. Wir wissen, wie sehr ihr euch nach der Erfüllung sehnt. Viele versuchen, bei diesem Punkt selbst die Zügel in die Hand zu nehmen. Sie rufen nach Liebe und fordern sie zu Gesprächen, zu Kontakten auf.

Was passiert? Es scheint nun so, als ginge euer Partner/eure Partnerin rückwärts. Je öfter ihr ihn anruft, ohne dass er/sie es will, desto eher verschwindet dieser Mensch aus eurem Leben.

Lasst die Liebe frei, der Seelenpartner wird sich wieder melden, und wenn er es tut, reagiert locker, zieht und zerrt nicht. Ihr seid unwiderstehlich, wenn ihr in der Energie des Loslassens seid.

Wenn ihr allerdings eure Dualseele einengt, nach nächsten Treffen bettelt und Kontakt einfordert, oft sogar ungeduldig, und ärgerlich reagiert, weil sie sich nicht meldet, ist es so, als hättet ihr Hässlichkeitspillen geschluckt. Siehe Gesetz der Anziehung.

Wir Arkturianer studieren die Menschen, wir finden eure Gefühlswelt sehr interessant. Verzeiht mir meine klaren Worte, doch es ist wichtig, dass ihr versteht!

›Wie soll ich mich denn nun verhalten? Wie setze ich das Loslassen um?‹, fragt ihr bestimmt.

Öffne deine Hände, öffne dein Herz, sei im Vertrauen. Lass deine Angst los, lass alle Abhängigkeit los, du wirst die Liebe nicht verlieren. Außer du nimmst der Liebe den Atem, dann muss sie dich wegstoßen. Du selbst hast dein Glück in der Hand. Fordere und erwarte nichts, so wirst du mehr bekommen, als du jemals erhofft hast.

Die Energie des Loslassens heißt: Ich greife nicht nach der Erfüllung, die Erfüllung bin ich selbst, ich laufe der Liebe nicht nach, weil ich im Vertrauen bin, weil ich mir selbst wert bin, und weil ich weiß, dass die Liebe mich immer wieder einholt.

Vergiss nie, du wirst unermesslich geliebt. Es verabschiedet sich und dankt Dir Maris. AN'ANASHA.«

Die Reise zum Inneren Kind

Wir wissen, wie es euch geht, wir wissen, dass manche Menschen Probleme haben, sich anzunehmen. Das Innere Kind, das SEIN anzunehmen, genau da, wo ihr gerade steht.

Was ist das Innere Kind eigentlich? Es ist ein Teil eurer Psyche, in dem das Bauchgefühl und eure Vergangenheit verankert sind. Mit Vergangenheit meinen wir auch, dass alle früheren Erfahrungen in eurer Mitte gespeichert sind. Die Vergangenheit dieser Inkarnation und auch die früherer Inkarnationen.

Darum sprechen wir so oft die verschiedenen Zeitepochen an, in denen ihr gelebt habt. Weil auch diese für den inneren Frieden wichtig sind.

Wir nehmen euch mit auf die Reise, deren Ziel es ist, euch wieder mit dem Kern zu verbinden, denn dein Inneres Kind will geliebt werden. In der Liebe ist deine Mitte, eine Quelle für Glück, Freude, der Leichtigkeit des Seins und Kreativität. Du kommst in Kontakt zu dir, deinem Ursprung, und findest tief in dir den Grund deiner Inkarnation, den Sinn des Lebens. Komm, sprich mal wieder mit deinem Kind in dir. Lerne es wieder kennen, und es wird anfangen, mit dir zu sprechen. So wie damals, als du selbst noch klein warst. Erinnerst du dich, als du Kind warst, hast du täglich mit dir, mit deinem Inneren Kind gesprochen. Du konntest seine Stimme hören, hattest klare Vorstellungen, was gut und schlecht ist für dich. Deine Intuition war ganz klar. Du warst fest im Leben und hattest Kontakt zum Ursprung.

Umarme dich mal wieder selbst, tue dir etwas Gutes. Liebe dich selbst, nimm dich an, genauso, wie du bist. Warum warten? »Wenn ich Urlaub habe, dann ...«, »wenn mein Partner zurückkommt, dann ...«, »wenn ich abgenommen habe, dann ...« Warum wartest du? Dein Kind in dir will jetzt geliebt werden, es braucht dich, und du brauchst die Harmonie des Lebens, die Liebe im JETZT.

Du darfst wieder glücklich sein, bitte erlaube es dir jetzt. Du darfst auf die Reise gehen und dein eigenes Regenbogenland, deine Gefühlswelt entdecken. Sieh, wie vielfältig du fühlst und wie schön die Farben in dir erstrahlen. Jede Emotion hat eine eigene Farbe. Nimm den inneren Regenbogen an, nimm deine Gefühle an, so, wie sie jetzt sind.

Erlaube dir, wieder neugierig wie ein Kind zu sein, neugierig auf neue Eindrücke und Veränderungen im Leben. Sieh, wie schön und facettenreich dein Leben ist.

Fühle wieder deine innere Stärke. Du bist stark wie ein wunderschöner uralter, weiser Baum. Umarme diesen Baum, das bist du. Sieh, wie erhaben, schön und stark du bist. Du kannst wie der Baum selbst für dich sorgen. Du bist dein eigenes Energiekraftwerk, bist autark und nicht in der Abhängigkeit. Sieh, wie Du verwurzelt bist, tief und weit. Deine Wurzeln haben von so vielen Leben zu erzählen. Höre deine Geschichten, der Wind flüstert deine Geschichten des Lebens. Was für ein Wohlgefühl, dein Leben ist so wichtig. All dein Sein – lausche deinen Geschichten, die der Wind erzählt. Der Wind kennt alle deine Leben. Er erzählt es in die Welt, wie wertvoll, manchmal tragisch, lustig, traurig und wichtig all dein SEIN ist und war. Der Wind flüstert dir zu: »Hoher Würdenträger, Hoffnung für viele Menschen, ohne dich wäre Gaia nicht so lichtvoll. Wärst du nicht da, würde ein lichtvolles Teilchen der Wahrhaftigkeit fehlen.

Avatar der Erde, wie haben sich die Elfen, Feen und Sternengeschwister über deine Rückkehr gefreut, über deine Geburt. Engel der Erde, wie freuten sich die Engel im Himmel, als du Kind warst und mit ihnen gesprochen hast. Lustige Geschichten habt ihr euch gegenseitig erzählt. Erinnerst du dich?

Wie traurig waren sie mit dir, als du immer mehr vergessen hast, dass es den Ursprung gibt. Traurig mit dir, wenn Du gefallen bist und die Engel um Hilfe gebeten hast, doch nicht wahrgenommen hast, dass deine Freunde im Himmel sich so sehr um dich sorgten, dass sie sogar den Atem anhielten.

Nun kommst du wieder zurück, ein Engel ist zurückgekehrt ins Leben. Wie wundervoll, wir freuen uns mit dir. Dein Vergessen ist aufgehoben, und der Nebel lichtet sich. Schön, dass du zurück bist, oh, welche Freude, geliebte Freundin, geliebter Freund. Wir reichen dir die Hand. Es vereint sich der Ursprung mit dem Inneren Kind in dir. Deine Lebensfreude kehrt zurück, du darfst wieder wie ein Kind sein. Neugierig, verspielt, albern, spontan, lebendig, fröhlich, ehrlich und sensibel. Du bist angekommen in deiner Mitte. Herzlich Willkommen im goldenen Reich deines SEINS! Nur wer sich selbst liebt, kann die Liebe nach außen tragen und sie selbst empfangen.

Wie verbinde ich mich mit meinem geistigen Mentor?

In Verbindung mit dem geistigen Mentor zu treten, ist ein wichtiger Aspekt. Die Kräfte, die euch zur Verfügung stehen, sind im Seelenkontrakt als wertvolle Hilfe verankert. Viele Lichtarbeiter fragen sich, wie das geht. Sie versuchten es, doch es scheiterte an der Umsetzung.

Wir wissen, wie es euch geht, wir wissen, wie müde ihr seid. Ihr seid immer helfend zu Stelle, wenn man euch braucht, doch für euch fehlt dann die Kraft. Wir nehmen dich an die Hand und führen dich zu deinem Mentor. Wir tun dies über diese Schriften, wir öffnen dir die Tür.

Das EINSsein mit sich selbst, mit dem Inneren Kind, ist eine wichtige Voraussetzung für den Kontakt zum Mentor, damit ihr versteht, was er euch rät und nicht zweigeteilt seid und zweifelt.

Nun, es ist einfacher, als ihr denkt.

Sei ganz entspannt und stelle dir goldenes Licht vor, das dich nun umspült. Komm, wir führen dich zu deinem geistigen Mentor. Stell dir vor, du gehst einen Weg entlang und um dich ist wunderbare

Natur. Vögel singen, langsam geht die Sonne unter, es herrscht eine wundersame Ruhe. Dein geistiger Mentor wartet auf dich, er steht am Lagerfeuer und sieht dir entgegen. Nun gehe ihm entgegen, und du siehst in seinen Augen, wie sehr er sich freut, dich zu sehen.

Du kannst nun mit ihm sprechen, er hört dich und antwortet auf deine Fragen. Du spürst die Liebe und die Ruhe, die von ihm ausgehen. Goldenes Licht umfängt dich. Gehe ein Stück des Weges mit ihm, horche, was er dir sagt. Zweifle nicht an dir, du hast die Antwort richtig verstanden. Bitte deinen Mentor um Energie und darum, dass er dich nun gerne auch im Alltag begleiten darf. Dieses Bitten ist wichtig, denn auch Mentoren müssen den freien Willen achten. Sie brauchen die Erlaubnis von dir, dass sie dir helfen und dich begleiten dürfen. Natürlich können geistige Mentoren auch weiblich sein, und ja, du hast mehrere Mentoren in deinen Seelenschriften verankert. So wundere dich nicht, wenn mehrere lichtvolle Helfer freudig am Lagerfeuer auf dich warten.

Es meldet sich zu Wort Lady Rowena:

»Ich bin Lady Rowena, Aufgestiegene Meisterin des Lichts. Ich bin die Botin der göttlichen Liebe und danke euch für euer Vertrauen. Es ist geschafft, ihr seid bald am Ziel. Beide Welten bewegen sich unablässig aufeinander zu.

Sie werden EINS, Lady Gaia erhebt sich in die Dimension der Götter.

Sie bewegt sich ständig nach oben, ein Aufstieg, der im Kleinen begann und aus dem große ALL-EINHEIT entsteht.

Es ist mir eine Freude, so viele bekannte Seelenstrahlen hier auf Gaia wiederzusehen.

Ihr habt auf Erden ein Sprichwort, das sagt: Man trifft sich mehr als einmal im Leben.

Wenn ihr wüsstet, wie wahr dieser Spruch ist.

Geliebte Erdenseelen, wie freue ich mich, euer lichtvolles Dasein zu sehen.

Viele wissen nicht einmal, welch ein Strahlen sie in ihrer Aura haben.

Ich weiß, wie sehr ihr die Freude vermisst, die Freude und Freunde von damals, in Lemurien, Atlantis, im goldenes Ägypten, und die Familie der Sternenplaneten.

Damals, als ihr wunderschöne göttliche Wesen wart. Ihr werdet es wieder SEIN im Goldenen Jerusalem.

Die Lichter von einst sind längst erwacht und strahlen so hell, die Lichter von heute strahlen unglaublich hell und erhellen auch die Menschen um sie herum.

So glitzern und blinken die Kinder von Gaia wie die Sterne.

Wie wunderschön, und es werden täglich mehr Menschen, die aus sich heraus leuchten.

Wie sehr wir euch lieben, wie sehr …

Es grüßt und segnet euch, Lady Rowena.«

Jeshua erklärt das Wirken der Botschafter des Lichts

Ich bin, der ich bin und immer war, jetzt und alle Zeit. Seid gegrüßt, ich spreche nun zu euch über die Botschafter des Lichts.

In der Geistigen Welt werde ich Sananda genannt, viele kennen mich auch als Jeshua oder Jesus Christus.

Auch ich war oft inkarniert und bin nun wieder unter euch.

Der Aufstieg von Gaia und ihren Bewohnern ist ein besonderes Ereignis, gut überwacht und geplant von den Göttern. Ja, den Göttern aller Religionen.

Wir wissen, wie es euch geht, wir erkennen jeden von euch an seinem Seelenstrahl, wir sind dabei, wenn ihr diese Zeilen aufnehmt. Vieles wird wiederholt, weil sich so ein Erinnern einstellt. Eure Seele weiß warum, sie weiß es ... Und weil Segnung und Weihung darin enthalten sind.

Die Botschafter des Lichts haben sich bereit erklärt, ihr Wirken in unseren Dienst zu stellen. Sie taten das schon vor ihrer Inkarnation bei der Planung ihres Lebens. Dafür dankt die Geistige Welt sehr. Sie werden reich belohnt, denn es ist kein leichtes Wirken. Die Lichtarbeiter haben sich bereit erklärt, gleichzeitig für andere Menschen Blockaden aufzulösen und Tore zu öffnen, indem sie voranschreiten. Dazu gehört viel Energie, denn der Körper ist Materie, und dadurch ist es nicht ganz ungefährlich.

Die weltlichen Mentoren, die die Brücken zum Himmel bilden, aber auch Brücken, zwischen den Erdenschwingungen sind, befinden sich im Zenit, aber der Grad ist sehr schmal. Vergleichbar mit einem Bergsteiger, der sehr hohe Gipfel erklimmt und einen Punkt erreicht, der für seinen Körper gefährlich ist. Er ist gezwungen, innezuhalten, um sich an die extreme Höhe zu gewöhnen, und hat Mühe, nicht abzustürzen. Die Türöffnung ist eine Energiearbeit sondergleichen, es ist zu vergleichen mit einer Bergbesteigung in Höhen, die normalerweise nicht ohne Sauerstoffgerät zu bewältigen sind. Immer in der Gefahr, dass es für den Körper, der Materie zu ermüdend ist, und das, was vorher in der geistigen Heimat so gut geplant war, im Leben nicht zu schaffen ist. Wie ihr wisst, kann der Aufstieg im Leben stattfinden oder durch das Abstreifen des physischen Körpers, den Tod. Die Seele erinnert sich und sehnt sich so sehr nach dem, was auf der anderen Seite des Ufers ist.

Es ist von Bedeutung, denn es befinden sich viele von euch Lichtarbeitern mit besonderer Mission auf diesem schmalen Grad. Sie haben Symptome eines Extrembergsteigers oder Marathonläufers. Der Aufstieg findet sehr schnell statt, was für Körper, Geist und Seele eine Herausforderung und durchaus gefährlich ist. Darum achtet ihr Wirken, sie tun es zum Wohl aller, für die ALL-EIN-HEIT!

Einige Beispiele für Aufstiegssymptome:

- Schwindel, oft auch das Gefühl, schwerelos zu sein, an der Decke zu schweben (Merkaba wird energetisiert, bald schon teleportieren wir damit).
- Hitzegefühl und plötzliches Schwitzen, oft nachts (einströmende Energie).
- Regelmäßiges Aufwachen zwischen 2 und 5 Uhr morgens (der Körper stellt sich um auf weniger Schlaf).
- Innere Unruhe und Kribbeln, Vibrieren im Körper.
- Herzbeschwerden, Herzstolpern und das Gefühl von Enge in der Brust.
- Nacken und Rückenbeschwerden, das Gefühl von dumpfem Druck und Ziehen.
- Kurzzeitige Probleme, sich zu konzentrieren, der Kopf fühlt sich an, wie in Watte gepackt.
- Sehstörungen, Geräusche im Ohr, Gefühlsausbrüche.
- Das Gewicht scheint immer mehr auf das, was man aussendet (Gedanken, Sprache, Emotion), zu reagieren, und weniger auf das, was man zu sich nimmt (Gesetz der Anziehung, der Körper befindet sich im Kristallisierungsprozess).
- Plötzliche grippale Symptome (Reinigung).
- Großes Bedürfnis nach Ruhe, Schlaf und Zeit für sich.

(Bei anhaltenden Symptomen, bitte zum Arzt oder Heilpraktiker gehen.)

Jeshua erzählt, was es mit dem Zusammenwachsen der Welten auf sich hat

»Ich, Jeshua, möchte, dass ihr wissend seid und euch so entscheiden könnt, welchen Dimension ihr angehören wollt.

Es ist nun möglich, in die höchste Dimension zu wechseln, ohne den psychischen Körper zu verlassen.

Die Frequenz der Vollkommenheit, die jeden Tag stärker auf die Erde strahlt, macht es möglich. Es ist wie ein riesiges goldenes Geschenk, das auf euch wartet. Ich, Jeshua, sage euch: Wir wissen, wie unruhig und müde ihr seid, welch heftige Reinigungsprozesse euer Körper hatte. Wir wissen, wie es euch geht. Wir erkennen die hohen Würdenträger an ihrem Seelenstrahl, und nicht nur das: Wir wissen, wer ihr in der Wahrhaftigkeit seid, wir wissen es! Auch darum bist du inkarniert: Um dabei zu sein, wenn die Welten zusammenwachsen. Die Welten in dir und um dich. Dein SEIN und die ALL-EIN-HEIT. Du bist fast am Ziel, es ist nicht mehr weit, wir helfen dir, wir tragen dich und umhüllen dich mit höchster Energie.

Diejenigen, die diese Schriften nicht mit dem Verstand gelesen, sondern ihr Herz dafür geöffnet haben, können sich freuen: Ihr seid in die Absicht gegangen und werdet, als einer/eine der Ersten in die Neue Zeit eintreten.

Der goldene Tempel ist in dir verankert, das Goldene Jerusalem bist du. Erst findest du deine innere Mitte und die Verbindung zu deiner Quelle, deinem Ursprung. Dann geschieht dies auch in deiner Seelenfamilie. Was im Kleinen begann, ist jetzt groß und wunderbar strahlend, lichtvoll. Prächtige Lichtsäulen, die in den Himmel ragen und die Brücke für andere bilden.

In der Siebten Dimension befinden sich Geistführer, Aufgestiegene Meister, Engel, Erzengel und die galaktische Familie. Sie halten sich hier freiwillig auf, um euch beim Aufstieg behilflich zu sein. Versteht ihr es jetzt? Darum sprechen wir von Geheimnissen, die in euch schlummern. Die geistige Heimat, der Ursprung, der goldene Tempel, das Goldene Jerusalem, der Heilige Gral in dir. Die beiden Welten, die immer getrennt waren, wachsen zusammen. Du, die Erde, bist EINS mit dem HIMMEL. DIES GESCHIEHT IM LEBEN! Viele Inkarnationen vorher musstest du für einen Aufstieg, einen Dimensionswechsel, erst sterben. Das Rad der Wiedergeburt hört auf, sich zu drehen. Dein Alterungsprozess ist gestoppt!

In diesem Leben ist es dir möglich, dich mit Naturgeistern, Einhörnern, Elfen, Feen, Engeln, deiner Sternenfamilie zu verabreden, Du darfst sie wieder sehen und mit ihnen sprechen. Deine und ihre Welt sind EINS!

Natürlich ist auch der Einstieg in die höchste Dimension, die Schwingung der Vollkommenheit, für euch individuell. Doch viele Menschen werden euch folgen. Diese Bücher sollen euch dabei helfen. Ein sicherer geführter Aufstieg an der Hand der Geistigen Welt.

Nun ist es so, dass in dieser Zeit ein Hinsehen von euch gefordert wird. Ihr werdet angestoßen, eure Richtung zu überdenken und, falls nötig, zu korrigieren. Entscheidest du dich gegen deinen Seelenplan, schlagen die Türen zu.

Warum das so ist? Nun, es ist nicht die Geistige Welt, die das tut, sondern deine eigene Planung. Du hast dich so gut abgesichert, damit du auf alle Fälle so früh wie möglich in den neuen Zyklus eintreten kannst. Du wusstest bei der Planung, warum. Weil das Leben für die, die nachfolgen und noch in der alten Energie sind, sehr beschwerlich wird. Wir wissen, wie es dir geht, wir wissen, wie müde du manchmal warst. Weit gereiste Seele, wir achten dein TUN, wir gehen dir entgegen. DIE-ALL-EINHEIT IST JETZT!

Was geschieht mit den Menschen, die den Aufstieg verweigern und auf der untersten Schwingung bleiben?

Ich, Jeshua, sage euch: Weil die Erde so schnell aufgestiegen ist, befinden sich auf Lady Gaia noch drei Dimensionen. Diese untersten Dimensionen werden jedoch von der Erde weichen. Wir achten euren freien Willen, daher dürfen wir denjenigen nicht helfen und sie hochziehen, wenn sie es nicht wollen. So werden Menschen, die sehr niedrig schwingen, es im Leben schwer haben, und das wird immer beschwerlicher. Es liegt nicht an uns, sondern an ihrem Sicherheitssystem im Seelenvertrag und an der niederen Dimension, in der sie sich befinden. Auch diese Menschen können ihren freien Willen einsetzen, um die Stufen des Erwachens hochzugehen. Sie werden in Liebe von der Geistigen Welt geführt. Jede Seele wurde vor der Reise ins Leben gefragt und durfte ihre Stimme abgeben, was diesen Zykluswechsel um das Jahr 2012 betrifft.

Es wird alles von der Welt gehen, was nicht dem höchsten Licht entspricht, alles! Zum Beispiel auch Krankheiten, die von Insekten und Kleinstlebewesen übertragen werden. Weil diese Insekten und Lebewesen die Erde freiwillig verlassen – auch das ist mit ihnen so abgestimmt. So wird es zum Beispiel keine Malaria oder Cholera mehr geben.

Ihr werdet zu galaktischen Wesen, die Fähigkeiten haben eines Engels gleich.

Wir, die geistigen Mentoren, freuen uns, euch weiter begleiten zu dürfen.

Es grüßt und segnet euch in Liebe, Jesus Christus.«

Nachwort

An dieser Stelle wollen wir uns für Ihre Treue bedanken. Dank auch an diejenigen, die wie wir unermüdlich die Stufen des Erwachens emporgehen. Es ist manchmal wie ein Kreuzweg. Eine Gratwanderung zwischen Höhen und Tiefen. Der Weg aber führt in das Leben und in die Vollkommenheit.

Es geschieht Ungewöhnliches, Wunderbares, weil wir unsere alten Fähigkeiten zurückerhalten, ohne dass uns der irdische Tod heimholt. Spirituelles Wirken ist oft wie eine Gratwanderung, und der Weg ist schmal und gefährlich, doch die Belohnung groß.

Der Transformationsprozess in Ihrer kleinen Welt und auf Mutter Gaia, bedeutet: Sie haben die Möglichkeit, ein freies und der Leichtigkeit des Seins angepasstes Leben zu führen.

Es geht für Sie in die Vollkommenheit. Doch davor sind einige Klippen zu überwinden. Das, was für Sie mit dem Erwachen so leicht begann, gipfelte in dem totalen Loslösungsprozess. Alte Ängste, das Ego, alte Lebensmuster und Traumen kamen erst wieder hoch, um dann transformiert zu werden. Dann war Loslassen angesagt, was nicht immer einfach ist. Hier haben viele Menschen Probleme, denn die Ängste und Traumen sind nicht im Nebel der Dualität verschwunden wie vieles andere. Sie werden oft unbewusst festgehalten, weil sie uns mit unserem Seelenvertrag, unserem Ursprung, verbinden.

In den nächsten Bänden geht es dann auch um die Umsetzung. Wie löse ich auf, wie setze ich um, wie lasse ich los? Wie lebe ich meine Ziele und Wünsche im Jetzt? Wir freuen uns, Sie weiter begleiten zu dürfen.

An'anasha.
Sarinah Aurelia